Réussir sa vente immobilière!

Biens bâtis & terrains nus

I0462213

Jérôme Hurstel

Novembre 2016
ISBN-13: 978-1540317087

jeromehurstel.jimdo.com

L'achat d'une maison, d'un appartement etc. représente souvent pour l'acquéreur -et le vendeur- l'opération financière la plus importante de son existence. Lorsqu'en plus on considère le florilège d'émotions fusant à cette occasion, espoirs, angoisses, satisfactions, peines, joies, il est aisé d'imaginer la vente d'un bien immobilier comme étant un évènement sensationnel, extraordinaire... 810.000 logements se sont vendus en 2015 (source INSEE-CGEDD), une quantité impressionnante en augmentation de 35% par rapport au plus bas historique de 2009.

Les acteurs du marché immobilier assistent ainsi 2219 fois par jour (en incluant les dimanches) à un transfert de propriété. On pourrait alors penser que tous les vendeurs et acheteurs soient munis de toutes les informations nécessaires, de tous les renseignements à même d'élaborer des transactions fluides et pour ainsi dire paisibles, or cela est loin d'être le cas. Mauvaises surprises, manques et approximations sont légion, et peuvent mener à de pénibles rallongements de délais (au mieux), à la remise en cause de la cession voir à de lourds frais imprévus (au pire).

Comme le dit l'adage, « on n'achète pas une maison tous les jours », autant que cela se passe bien... J'ai ainsi décidé de rédiger pour les candidats vendeurs et acheteurs ce manuel aussi complet et agréable que possible, réunissant l'essentiel de ce qui est à savoir et juridiquement valide au moment de son élaboration. Des exemples concrets éclaircissent les points les plus ardus et vous trouverez la référence des articles de loi les plus importants.

Je vous en souhaite une bonne lecture, et une excellente vente!

Jérôme Hurstel

Sommaire

Les cas particuliers du point de vue fiscal

La plus-value immobilière

Effets de la vente sur les impôts locaux

Le cas de la TVA immobilière

La vente d'un bien loué
La vente d'un bien inscrit ou classé

Les premières notions et démarches

L'idée germe: achetons, vendons, pour nous-mêmes, pour mettre en location! L'aventure commence au premier pas, la volonté de s'engager. Mais ne nous emballons pas, et commençons par rappeler quelques points essentiels et quelques démarches à entreprendre en amont

Qu'est-ce qu'un immeuble ?

Selon **l'article 516 du code civil**, tout bien est meuble ou immeuble. Un bien immeuble peut l'être en raison de sa nature (un fond de terre ou un bâtiment) ou de la détermination particulière de la loi (on parle d'immeuble par destination).
Les articles 517 à 526 du code civil précisent la notion d'immeuble, et plus particulièrement les **articles 518** (« les fonds de terre et les bâtiments sont immeubles par leur nature ») et **524** (« ... sont immeubles par destination (ceux) placés par le propriétaire pour le service et l'exploitation du fonds — Sont aussi immeubles par destination tous effets mobiliers que le propriétaire a attachés au fonds à perpétuelle demeure »).

Sont ainsi immeubles par nature les biens fixés ou incorporés au sol de manière durable, et immeubles par destination les biens que la loi déclare « immeubles » parce que unis à un immeuble par nature à perpétuelle demeure ou parce que nécessaire à son exploitation (un tapis fixé à un escalier, une machine fixée dans un atelier, des semences dans une ferme...) à condition que le propriétaire de ces deux biens soit le même.

L'objet de ce manuel portera exclusivement sur les immeubles par nature, autrement dit sur les fonds de terre et les bâtiments. Bien que certains aspects les concernent, je ne développerai pas le sujet des ventes d'immeubles commerciaux ou professionnels (entrepôts, boutiques, locaux divers affectés à une exploitation...), ceux-ci pouvant faire l'objet d'un manuel dédié.

Une maison, un immeuble d'appartements, un château-d'eau, un blockhaus ou un terrain ne posent pas de problèmes particuliers de détermination. Certains cas particuliers méritent toutefois de s'y arrêter, en ce qu'ils se rapprochent de l'idée de logement :

— Une yourte, une tente, un chalet de camping sont-ils des immeubles ? La dénomination de ces biens est « Habitation Légère de Loisir », et le critère de détermination est la mobilité. Selon **l'article 528** du code civil, si ces tentes, yourtes, chalets, peuvent être transporté d'un lieu à l'autre sans démolition (le démontage étant permis), le bien est meuble et échappe à la réglementation des biens immeubles. Le chalet fixé au sol par fondations, et non simplement posé sur une dalle, se retrouvant bien immeuble. Quid des cabanes dans les arbres ? Si elles peuvent être transportées au prix d'un laborieux démontage sans être démolies, elles sont des biens meubles.

Il est à noter que ces HLL installées ailleurs qu'aux endroits prévus à **l'article R-111-32** du code de l'urbanisme (campings, parcs résidentiels de loisir, villages de vacances...) devront se soumettre aux règles d'urbanisme afférent aux immeubles par nature : permis de construire etc.

— Un mobile-home, un camping-car, une roulotte ? Dès lors qu'elles ne sont pas ancrées au sol et peuvent être transportées sans démolition, ces « résidences mobiles » demeurent des biens meubles.

— Une péniche habitée ? Un bateau flottant sur l'eau conserve toujours son caractère de mobilité (propre avec un moteur, des voiles... ou assistée, par halage ou tractage). A moins qu'elle ne soit fixée au quai de sorte qu'on ne puisse plus l'en détacher sans l'abimer elle ou le quai, la péniche habitée est donc bien un bien meuble.

Qui est vendeur? Qui est acheteur?

La question peut prêter à sourire, mais la réponse n'est pas si évidente que cela.

• Le vendeur

En general

Le vendeur doit posséder sur le bien (qui peut être un immeuble ou une fraction d'immeuble) tous les **droits de propriétés** ou bien certains d'entre eux, il a la **capacité juridique** de céder ce ou ces droits (art. 1145 suivants code civil), par lui-même ou via un représentant. Je réserverai mon propos aux vendeurs personnes physiques et représentants de SCI, à l'exclusion des représentants de sociétés commerciales (SARL, SA...)

Il convient de déterminer à quel « degré » on est propriétaire d'un bien (ou de sa fraction). En effet, la pleine propriété se compose de trois droits distincts:

— la nue-propriété, qui est le droit de disposer du bien (le vendre ou le louer, par exemple)

— l'usage, qui est le droit d'user du bien (y vivre...)

— le fruit, qui est le droit de toucher les revenus du bien (les loyers, par exemple). L'usufruit est la fusion de l'usage et du fruit.

Un nu-propriétaire peut céder un bien immobilier sans l'usufruit (qui reste propriété de l'usufruitier), un usufruitier ne peut vendre (donner, transmettre...) que son droit d'usufruit, l'immeuble demeurant la nue-propriété du... nu-propriétaire -ce dernier ayant ainsi un autre « partenaire » en la personne du nouvel usufruitier. Cela m'amène à dire qu'au final on ne vend jamais un bien, mais les droits qu'on a dessus.

Note: un bien vendu sans usufruit ou sans nue-propriété voit sa valeur réduite de la valeur du droit non concerné par la vente.

Par addition, le « propriétaire » d'un bien est le titulaire de sa nue-propriété et de son usufruit. Lorsque je parlerai plus bas de « vendeur », cela désignera ce type de propriétaire.

En particulier

Lorsque le vendeur est **une personne physique majeure et célibataire**, il peut vendre son bien librement, sous réserve du respect des règles liées à la protection juridique: tutelle (l'accord du juge des tutelles ou du conseil de famille sera requis) ou curatelle (simple, renforcée ou aménagée, l'accord du curateur est indispensable, et même du juge des tutelles si le logement est la résidence principale du vendeur).

Lorsque le vendeur est marié, tout dépends du cas de figure.

Une règle vaut toutefois dans tous les cas, sitôt que le logement concerné par la vente est le « logement familial ». **L'article 215** du code civil est fort clair: *la résidence de la famille est au lieu qu'ils choisissent d'un commun accord. Les époux ne peuvent l'un sans l'autre disposer des droits par lesquels est assuré le logement de la famille, ni des meubles meublants dont il est garni. Celui des deux qui n'a pas donné son consentement à l'acte peut en demander l'annulation [...].* Autrement dit, la vente du logement familial supposera toujours l'accord des deux époux.

— Il n'y a pas de contrat de marriage

Dans ce cas, on dit que le couple marié est soumis au régime légal, et la communauté des époux est « <u>réduite aux acquêts</u> ». Cela signifie qu'un bien immobilier appartenant à l'un ou l'un autre époux avant le mariage reste sa propriété propre pendant le mariage, bien qu'il peut vendre librement sauf s'il répond au critère de logement familial. Tous les biens immobiliers acquis pendant le mariage (les acquêts) supposent pour leur vente l'accord des deux époux, même si un seul l'a acheté. Voir les exceptions ci-dessous au paragraphe « acheteur marié sans contrat ».

Note: les biens immobiliers obtenus par héritage pendant le mariage rentrent dans la catégorie des biens propres (ceux-ci supposeront toujours l'accord des deux à fin de vente si les époux en ont fait leur logement familial).

— Il y a un contrat de mariage.

<u>Communauté universelle</u>. Ce contrat, obligatoirement établi devant notaire, confond tout le patrimoine des deux époux sous une seule tête, celle de la communauté du couple (à l'exception des objets propres par nature précisés dans **l'article 1404** du code civil comme le linge personnel...). Dans cette hypothèse, chaque bien immobilier vendu, qu'il ait été apporté en mariage ou acquis pendant celui-ci, nécessitera l'accord des deux époux.

<u>Séparation de biens</u>. Dans ce cas de figure, supposant également un contrat notarié, chaque époux reste unique propriétaire de ses biens, même en ce qui concerne les immeubles acquis par lui pendant le mariage. Le vendeur est donc l'époux propriétaire, ou les deux s'ils ont acheté ensemble avant de revendre le bien (auquel cas c'est le régime de l'indivision qui s'appliquera) et/ou s'il s'agit du logement familial.

Le vendeur peut être pacsé. A défaut de précision dans le Pacte Civil de Solidarité, les partenaires de PACS sont soumis en matière de vente immobilière au régime de la <u>séparation de biens</u>. Ils peuvent expressément opter, dès le départ ou en cours de PACS par une convention, pour le régime de <u>l'indivision</u>, auquel cas tout bien immobilier acquis puis vendu à compter de cette démarche sera soumis au régime de l'indivision.

Note: les partenaires de PACS ne bénéficient pas de la protection du logement familial stipulée à l'art. 215 du code civil.

Le vendeur peut être une indivision. C'est souvent le cas après une succession, par exemple lorsque trois enfants héritent de leur parent d'un bien immobilier, qu'ils souhaitent -ou doivent- vendre. Toujours selon cet exemple, chaque enfant dit « co-indivisaire » sera propriétaire d'un tiers du bien, « un tiers des parts » puisqu'en matière d'indivision on raisonne en parts.

La valeur des parts peut donc être la fraction du bien correspondant au nombre d'indivisaires, **ou** la fraction investie par chaque acquéreur en cas d'achat en indivision (exemple, un bien acheté par trois personnes: sur 100.000 €, le premier met 50.000 €, le second 30.000 €, le dernier 20.000 €; chacun ne sera pas propriétaire d'un tiers, mais de respectivement 50, 30 et 20% des parts de l'indivision.)

Pour vendre le bien dans son intégralité, chaque co-indivisaire devra donner son accord : l'un d'eux peut être désigné gérant de l'indivision, mais il ne pourra l'engager à lui tout seul pour une vente.

Nul n'étant tenu de demeurer dans une indivision, chaque co-indivisaire peut mettre sa part sur le marché (l'acquéreur remplaçant le vendeur dans l'indivision et devenant co-indivisaire), mais ce type de vente se heurtera le plus souvent à l'hésitation des acquéreurs potentiels. Un co-indivisaire peut essayer de vendre sa part aux autres co-indivisaires, et finalement en cas d'échec de ces modes amiables s'orienter vers un partage judiciaire (se soldant majoritairement par une mise aux enchères du bien et une répartition de la somme obtenue).

— Le propriétaire peut être une personne morale. Pour simplifier le propos, le reste devant faire l'objet d'un développement bien plus long, je me limiterai à la **Société Civile Immobilière**. En cas de vente d'un immeuble géré par une SCI, ses statuts détermineront qui pourra concrètement mener la vente (mandater un intermédiaire, signer les documents officiels...), mais la décision de mise en vente nécessitera l'avis unanime des actionnaires (membres de la SCI) réunis au vote. Chaque membre peut vendre ses parts librement, aux autres actionnaires ou non, selon les dispositions des statuts.

• L'acheteur

Les mécanismes sont symétriques par rapport à ceux déterminant le vendeur. L'acheteur sera le nouveau propriétaire du bien et titulaire des droits y afférents.

— **La personne célibataire**. Toute personne majeure peut acheter un bien immobilier, pour peu (le cas échéant) qu'elle respecte les règles de la protection judiciaire. Une personne sous curatelle doit être assistée de son curateur (qui doit cosigner les actes), une personne sous tutelle aura besoin de l'accord du juge des tutelles ou du conseil de famille.

— **La personne mariée sans contrat de mariage**

Comme nous l'avons évoqué, tout bien acquis pendant le mariage entre dans le patrimoine commun en tant qu'acquêt. Cela étant, il est utile d'apporter quelques précisions.

Quand un époux finance en partie l'achat sur ses fonds propres, le bien sera « commun » si la part de la communauté est majoritaire, mais un régime d'indemnisation de la communauté envers l'époux devra intervenir. Inversement, l'immeuble sera réputé propre à l'époux si la part du financement personnel est supérieur, mais l'époux devra une indemnité à la communauté. Quand l'un des époux finance en totalité l'achat sur des fonds propres, le bien est « propre » sous réserve de déclaration d' « emploi » ou de « remploi » dans l'acte de vente, à défaut de quoi le bien est commun et l'époux acheteur aura droit à une indemnité. Voir pour l'emploi et le remploi les **articles 1433 et 1541 du code civil**.

Un bien immobilier acheté pendant un mariage sous le régime légal peut donc être « propre » à un époux et faire exception à la théorie des acquêts, mais ce bien revendu nécessitera toujours l'accord des deux époux s'ils en on fait leur logement familial.

— La personne mariée avec contrat de mariage

<u>Communauté universelle</u>. Tout bien immobilier acquis pendant le mariage deviendra la propriété de la communauté, qu'importe si l'un des deux seulement signe les actes et finance l'acquisition. La notion de compensation existant dans le régime légal ne se retrouve pas ici, puisque la notion même de « fonds propres » est inopérante.

<u>Séparation de biens</u>. En l'absence de communauté, l'époux acquéreur est propriétaire unique de ce bien, et ce même si l'autre époux a participé à son

financement (ceci ouvrant droit à compensation à la dissolution du régime, mais ne remettant pas en cause la propriété unique). Deux époux mariés sous le régime de la séparation de biens achetant un bien en commun créent une indivision classique, chacun étant propriétaire d'une fraction de ce bien.

— **L'acheteur est Pacsé.** Tout dépend si les partenaires ont optés pour l'indivision ou non. Dans le cas contraire, l'acheteur achètera selon les règles de la séparation de biens (voir plus haut, « acheteur marié sous séparation de bien »). S'ils ont manifesté leur volonté d'y être soumis, le partenaire achetant seul restera seul propriétaire du bien, les partenaires achetant ensemble devenant propriétaires de leur quote-part dans l'indivision, c'est-à-dire co-indivisaires (à 50/50 sans ventilation du financement, à hauteur de la participation dans le cas contraire).

— **L'acheteur peut opter pour un achat en indivision.** C'est une association d'acheteurs devenant propriétaires de la part d'un immeuble au prorata du financement du projet collectif. On est ainsi propriétaire, par exemple, de 35% d'un appartement, part qui permet de toucher 35% de ses revenus locatifs (sauf mention particulière), mais qui suppose de participer à hauteur de 35% aux frais du bien (taxes, entretien... toujours sous réserve de mention particulière). S'il achète en indivision pendant son mariage et qu'aucun contrat de mariage n'existe, cette quote-part entrera dans le patrimoine de la communauté en tant qu'acquêt; elle fera de même s'il est marié sous le régime de la communauté universelle.

— Enfin, **l'acheteur peut être une SCI**. Société à but non commercial, elle est crée dans le but de gérer un ou plusieurs biens immobiliers. Ses membres (les associés) sont propriétaires des parts de la SCI, mais c'est bien la SCI qui sera propriétaire du bien immobilier. L'acheteur dudit bien est la SCI représentée par son gérant, mandaté à cet effet à la majorité des membres prévue dans les statuts. Si un crédit bancaire est requis pour l'acquisition, il est probable que la banque demande des garanties personnelles aux associés.

<u>Je voudrais à ce point parler de deux formes particulières d'acquisition d'un immeuble, **la tontine et le viager.**</u>

Aujourd'hui tombée en désuétude, la **tontine**, aussi appelée clause d'accroissement, est un contrat spécifique conclu (par voie notariale) entre plusieurs personnes lors de l'acquisition d'un bien. Seul le survivant d'elles toutes deviendra pleinement propriétaire, chacune auparavant possédant la jouissance du bien sa vie durant. Je vous invite à vous rapprocher de votre notaire pour de plus amples renseignements.

La **vente viagère** garde de nos jours un peu plus de vigueur. Toute personne, physique ou morale, qui en est juridiquement capable, peut acheter un bien immobilier en viager: elle sera nommée le <u>débirentier</u>. Celui-ci paiera une rente au vendeur, calculée eu égard au prix du bien et à l'âge du vendeur, et dont la fréquence et le montant sont prévus au contrat, jusqu'à la fin de ses jours. A ce moment, et pas avant, la propriété du bien passera au débirentier. Le débirentier peut vouloir (ou devoir) verser au vendeur un « premier acompte » nommé bouquet, prélevé sur le montant global de la vente au moment de sa signature. Par exemple : un bien estimé 120.000 €, et un vendeur dont la durée de vie est estimée à 10 ans (il existe des grilles et des barèmes, pour lugubre que cela semble). Le prix peut être éclaté en versements mensuels de 1.000 € (1000€x12mois x 10ans =120.000€), ou en versements mensuels de 833,33 € avec un bouquet de 20.000 € (20.000€ + 10ansx(833,33€x12mois) = 120.000€). Les rentes étant à vie pour le vendeur, passé ces 10 ans, chaque versement supplémentaire sera un gain par rapport à l'estimation initiale (et comment ne pas penser à Michel Serrault et Galabru ?). Toujours avec ces chiffres, si le vendeur décède au bout de trois ans (36 mois), le débirentier aura acquis le bien pour 36.000€ ou 50.000€ hors frais annexes.

La mort du vendeur doit être imprévisible précisément au moment de la signature, faute de quoi la vente viagère pourra être attaquée en nullité par les ayant-droits du vendeur (mort du vendeur dans les 20 jours suivant la signature emportant présomption de prévisibilité). Une agence immobilière ou un notaire peuvent s'occuper de ventes viagères, dans les mêmes conditions (mandat...) qu'une vente traditionnelle.

Les prérequis pratiques

Bien que rien encore ne soit fait, ni visites, ni à fortiori signatures ou engagements de quelque nature qu'ils soient, il est utile pour le vendeur de réunir en amont un certain nombre de documents et de renseignements que je vais détailler tout de suite. Pour ne plus avoir à les chercher lorsque plus tard ils seront indispensables, et garder l'esprit libre pour tout le reste!

• Concernant tous les immeubles

Je conseille de réunir d'ors et déjà:
— le dernier avis de taxe foncière (et éventuellement de taxe d'habitation), frais que l'acheteur voudra connaitre avant l'achat;
— les états de servitude et de droit de passage. Si de telles contraintes existent, elles sont liées à l'immeuble quelque soit son propriétaire, et en cas de transfert le nouveau possesseur devra s'y conformer;
— un titre de propriété ;
— un relevé hypothécaire des créances grevant le bien serait utile, mais dans un souci compréhensible de préservation de la vie privée, seul un notaire peut en demander l'établissement;
— les diagnostiques techniques obligatoires, dont le détail se trouve ci-dessous;
— le contrat de location avec ses annexes (caution...) si le bien concerné est vendu loué.

• Concernant les biens en copropriété.

Si vous souhaitez vendre un bien en copropriété (appartement le plus souvent, mais ce peut aussi concerner une maison individuelle), il convient de réunir le plus de documents possibles s'y rapportant, à jour et complets. Parmi ceux-ci, citons:
— le règlement de copropriété, qui détermine entre autres choses les règles s'appliquant aux locaux privatifs (logements et éventuelles annexes qui en dépendent, comme des caves ou garages) et aux parties communes, les quotes-parts des charges... A récupérer auprès du syndic ou du propriétaire;
— les derniers procès-verbaux d'assemblée générale, que tout acquéreur potentiel voudra consulter pour connaitre les projets à venir (et à provisionner), les chantiers en cours et pas forcément visibles lors d'une visite, les procédures, les conflits...
— le carnet d'entretien, tenu à jour par le syndic : il indique les travaux d'entretien, d'amélioration etc. réalisés dans l'immeuble.
*[La **loi ALUR**, « pour l'accès au logement et un urbanisme rénovée » (**loi n° 2014-366 du 24 mars 2014**) prévoit la réalisation, aux frais des copropriétaires, d'un diagnostic technique global de l'immeuble à partir du 1er janvier 2017.]*

• Concernant les immeubles bâtis achevés depuis moins de 10 ans

Pensez à avoir sous la main:
— le permis de construire;
— les attestations d'assurance décennale et dommage-ouvrage;
— la déclaration d'achèvement;
— le certificat de conformité.

• Concernant les terrains nus

Là encore, le vendeur peut réunir:
— un extrait cadastral, avec les numéros et surfaces des parcelles. Le cadastre peut être consulté gratuitement sur internet ; l'acquéreur, pour connaitre le nom des propriétaires, devra se rendre dans la mairie du bien, à son centre des impôts foncier, ou en Alsace-Moselle au Livre Foncier tenu dans les tribunaux d'instance.
— Le rapport de bornage s'il existe.
— Le certificat d'urbanisme, détaillant les particularités et faisabilités du terrain. Il peut être informatif ou opérationnel, quand le projet de construction est déjà bien avancé.

• Les diagnostiques techniques obligatoires

Réunis dans le dossier de diagnostique technique (« DDT »), ils portent sur 11 points distincts. A la demande du vendeur, ils doivent être réalisés par un professionnel inscrit au registre du commerce et des sociétés. Celui-ci doit avoir souscris une assurance professionnelle et doit être certifié spécialement pour chacun des diagnostiques marqués d'un « * » ci-dessous. Ses tarifs sont libres, on gagne à établir un devis avant de le solliciter.

1) Le diagnostic de métrage dit « LOI CARREZ »

Immeubles concernés: tous les lots de copropriété à usage d'habitation ou commercial (exceptés les caves, garages, emplacements de stationnement et d'une manière générale, les lots ou fraction de lots inférieurs à 8 m^2).
Durée de validité du document: permanente, sauf en cas de modification de l'immeuble (agrandissement, changement de distribution des pièces...)
Sanctions prévues: action en nullité de la vente en cas d'absence de mention. Demande de diminution du prix en cas d'erreur de surface de plus de 5 % entre celle indiquée dans l'acte de vente et celle du rapport.

2) Le diagnostic AMIANTE *

Immeubles concernés: tous les immeubles dont le permis de construire a été délivré avant le 1er juillet 1997.

Durée de validité du document: illimitée si aucune trace d'amiante n'est détectée. En revanche, dans le cas contraire, un nouveau contrôle devra être effectué dans les 3 ans suivants la remise du diagnostic pour vérifier l'évolution de l'état de l'élément. Si le diagnostic a été réalisé avant 2013, il doit être renouvelé en cas de vente du logement, même en cas d'absence d'amiante.

Sanctions prévues: le vendeur ne peut s'exonérer de la garantie des vices cachés correspondante. De son côté, l'acheteur peut obtenir en justice une diminution du prix de vente, voir l'annulation de la vente, si le diagnostic n'a pas été fait et que de l'amiante est découverte après la vente.

Le rapport peut aller jusqu'à préconiser des travaux correctifs ou de confinement lorsque cela s'avère nécessaire.

3) Le diagnostic ASSAINISSEMENT NON COLLECTIF

Immeubles concernés: tous les immeubles bâtis non raccordés au réseau public d'assainissement.

Durée de validité du document: 3 ans.

Sanctions prévues: le vendeur ne peut s'exonérer de la garantie des vices cachés correspondante. En cas de non-conformité et de vente « en l'état », l'acquéreur a pour obligation de mettre en conformité dans un délai d'un an après la signature de l'acte authentique.

Particularité: ce diagnostique est réalisé par le service public d'assainissement non-collectif (SPANC), les coordonnées de l'agent en charge sont disponibles en mairie.

4) Le diagnostic PLOMB *

Immeubles concernés: immeubles d'habitation (ou partie(s) d'immeuble affectée(s) à l'habitation) construits avant le 1er janvier 1949.
Durée de validité du document: illimitée lorsque le rapport fait apparaître l'absence de plomb ou la présence de plomb à des concentrations inférieures à 1mg/cm^2. Un an, lorsque le rapport fait apparaître la présence de plomb à des concentrations supérieures ou égales à 1mg/cm^2; dans ce cas, le diagnostiqueur transmet à la préfecture une copie du rapport.
Sanctions prévues: le vendeur ne peut s'exonérer de la garantie des vices cachés correspondante. De son côté, l'acheteur peut obtenir en justice une diminution du prix de vente, voire l'annulation de la vente, si le diagnostic n'a pas été fait et que du plomb est découvert après la vente.

5) Le diagnostic ELECTRICITE *

Immeubles concernés: immeubles d'habitation dont l'installation a été réalisée depuis plus de 15 ans. En cas de copropriété, le rapport ne sera pas fait pour les parties communes.
Durée de validité du document: 3 ans pour l'état de l'installation intérieure, comme pour l'attestation de conformité en cas de travaux de rénovation.

Sanctions prévues: le vendeur ne peut s'exonérer de la garantie des vices cachés correspondante si le diagnostic n'a pas été présenté au moment de la vente et que l'installation s'avère défectueuse.

6) L'Etat des Risques Naturels, Miniers et Technologiques

Immeubles concernés: tous les immeubles des communes visées par un arrêté préfectoral précisant la liste des risques prévisibles.
Durée de validité du document: 6 mois.
Sanctions prévues: en cas de manque ou de faux, l'acheteur peut obtenir en justice une diminution du prix de vente, voire l'annulation de la vente.
Ces informations et les documents correspondants sont libres d'accès via les mairies et les préfectures (leurs sites internet les mettent à disposition): le rapport devrait donc être gratuit...

7) Le diagnostic TERMITES *

Immeubles concernés: tous les immeubles bâtis (zones délimitées par arrêtés préfectoraux).
Durée de validité du document: 6 mois maximum. A refaire en cas de nouvel arrêté déclarant une zone d'infestation.

Sanctions prévues: le vendeur ne peut s'exonérer de la garantie des vices cachés correspondante. De son côté, l'acheteur peut obtenir en justice une diminution du prix de vente, voire l'annulation de la vente, si le diagnostic n'a pas été fait au moment de la vente et qu'une infestation est découverte (peu de temps) après.

8) Le diagnostic de PERFORMANCE ENERGETIQUE *

Immeubles concernés: tous les immeubles bâtis sauf ceux listés à **l'article R.134-1 du CCH** (en résumé les constructions provisoires prévues pour une durée d'utilisation égale ou inférieure à deux ans ; les bâtiments indépendants dont la surface de plancher est inférieure à 50 m2 ; les bâtiments ou parties de bâtiments à usage agricole, artisanal ou industriel autres que les locaux servant à l'habitation ; les bâtiments servant de lieux de culte ; les monuments historiques classés ou inscrits à l'inventaire ; les bâtiments ou parties de bâtiments non chauffés ou pour lesquels les seuls équipements fixes de chauffage sont des cheminées à foyer ouvert, et ne disposant pas de dispositif de refroidissement des locaux ; les bâtiments ou parties de bâtiments résidentiels qui sont destinés à être utilisés moins de quatre mois par an).

Durée de validité du document: 10 ans. A refaire en cas de travaux substantiels notamment.

Sanctions prévues: en cas d'absence de DPE au moment de la vente, l'acheteur peut obtenir en justice une diminution du prix de vente, voire son annulation.

9) Le diagnostic MERULE

Immeubles concernés: tous les immeubles bâtis (zones délimitées par arrêtés préfectoraux, **art. L133-8 CCH**).
Durée de validité du document: Pas de durée fixée.
Sanctions prévues: la présence de mérule peut, sous certaines conditions, constituer un vice caché de nature à engager la responsabilité civile du vendeur. Le diagnostic sert d'élément d'information pour l'acheteur.

10) Le diagnostic RADON

A compter du 1er juillet 2017 au plus tard, les vendeurs d'un bien immobilier situé dans une zone à «potentiel radon» (gaz radioactif incolore et inodore) seront tenus de faire réaliser un diagnostic pour informer leur acquéreur de l'existence de ce risque.
Les immeubles concernés ainsi que les modalités de surveillance et les niveaux d'activité volumique à risque seront définis par règlement. Voir **l'article R1333-15 du code de la santé publique**.

11) Le diagnostic GAZ *

Immeubles concernés: immeuble d'habitation ou partie(s) d'immeuble affectée(s) à l'habitation dont l'installation a été réalisée depuis plus de 15 ans.
Durée de validité du document: 3 ans.

Sanctions prévues: le vendeur ne peut s'exonérer de la garantie des vices cachés correspondante. De son côté, l'acheteur peut obtenir en justice une diminution du prix de vente, voire son annulation, si le diagnostic n'a pas été fait au moment de la vente et que l'installation s'avère défectueuse après.

Note: les démarches pour demander la diminution du prix ou l'annulation de la vente sont à effectuer, pour l'acheteur, auprès du Tribunal de Grande Instance.

Tout est préparé, vendeur(s) et potentiel(s) acheteur(s) sont bien identifiés, l'immeuble à vendre est clairement défini, et tout un dossier de papiers divers attend sur une table qu'on le consulte : il est temps de mettre le bien en vente ! Le déroulé jusqu'à l'acte de vente se faisant par étapes, j'ai schématisé le processus tel qu'il se rencontre le plus fréquemment:

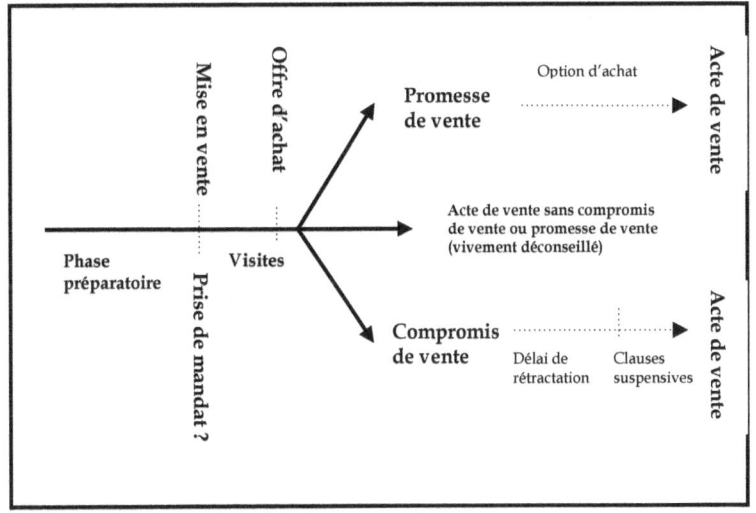

La mise en vente

A ce stade, de nouvelles questions se posent pour le vendeur: « comment concrètement vais-je promouvoir mon bien? Comment se passeront les visites des potentiels acquéreurs, et peut-on assurer l'intérêt d'un visiteur avant de s'engager formellement? »

Par quel canal vendre et acheter ?

Le vendeur peut décider de chercher un acquéreur par ses propres moyens, il peut confier cette mission à une agence immobilière et/ou à un notaire.

- ## La vente directe par le seul propriétaire

C'est l'expression de l'essence de la propriété privée, « je vends moi-même ce que je possède », ou plutôt « je cherche moi-même l'acquéreur qui cosignera l'acte de vente pour mon bien ». Cette méthode a ses avantages et ses inconvénients.

Au titre des **avantages**, le vendeur reste « maitre » de sa vente, de son planning, du prix demandé, du rythme des visites, du choix des visiteurs et des supports de communication (internet, magazines, affiches...). Il peut aussi afficher un prix « net », sans frais d'agence ou de négociation, donc théoriquement plus intéressant qu'en passant par un intermédiaire. Il peut retirer le bien de la vente sans formalités, si personne ne témoigne d'intérêt par exemple.

Les **inconvénients** découlent pour ainsi dire de ces avantages. Le vendeur a la charge de présenter physiquement son bien, de jauger la solvabilité et la motivation des potentiels acquéreurs. Il ne bénéficie d'aucune sélection préalable et s'expose à des visites « récréatives »... mais guère plus qu'en passant par un intermédiaire professionnel, cela dit: même eux ne peuvent toujours deviner les arrière-pensées de leurs potentiels clients... Il assume les frais de publicité, pris autrement en charge par l'agent immobilier ou le notaire selon ce qu'ils choisissent de faire.

• La vente par agence immobilière

Agences immobilières Internationales, nationales, locales, elles souffrent souvent de mauvaise presse, mais les reproches parfois justifiés envers telle ou telle enseigne n'ont pas lieu de se propager à l'ensemble de la profession. La grande majorité sont des intervenants compétents et passionnés, et n'oublions pas que le titulaire d'une carte professionnelle doit justifier de trois années d'études post-bac en droit, économie ou commerce, ou prouver d'une solide expérience... La loi ALUR impose d'ailleurs une formation continue obligatoire pour tous les professionnels de l'immobilier, afin de renforcer encore leur rigueur et leurs connaissances de ce domaine en constante évolution (**décret 2016-173** du 18 février 2016). L'agent immobilier sera à même d'estimer la valeur du bien plus objectivement que le vendeur lui-même, et sera le « maitre d'œuvre » de la vente: négociation, délais à respecter et pièces à réunir seront sous sa supervision.

Il y a néanmoins plusieurs points à vérifier avant de confier son bien à une agence, et des formalités à respecter.

— **L'assurance.** Comme le diagnostiqueur immobilier, l'agent immobilier, lui-même ou celui de ses préposés qui représentera l'agence (qu'il s'appelle négociateur, mandataire, collaborateur...), doit justifier en agence, dans ses correspondances et contrats (dont les mandats) de l'existence d'"une assurance de responsabilité civile professionnelle (« RCP »).

— **La carte professionnelle.** Le directeur de l'agence doit être titulaire d'une carte professionnelle, dont le numéro doit être indiqué dans l'agence, sur ses documents et contrats (dont les mandats).

— **La garantie financière** pour le maniement de fonds. A moins de refuser expressément la garde de fonds (essentiellement les acomptes sur prix de vente versés par l'acheteur au moment de la signature du compromis de vente), l'agent doit afficher en agence et sur les documents de l'agence le nom du garant ainsi que le montant de la garantie (idem sur les mandats).

Quelques mots sur le devoir de conseil de l'agent immobilier.

Il s'agit de professionnels tenus d'informer leurs clients sur les circonstances qui entourent l'opération envisagée mais aussi sur ses conséquences. Ce devoir porte sur les risques que fait courir la transaction projetée ainsi que sur la règlementation applicable, et l'enjoint à conseiller son client pour se prémunir de tout tort. Le souci de *régularité* est primordial. Cet impératif s'impose même quand l'agent intervient sans être payé, à titre amical par exemple.

Le délai de prescription pour engager la responsabilité de l'agent est de cinq ans « à compter du jour où le titulaire d'un droit a connu ou aurait dû connaître les faits lui permettant de l'exercer ».

Ce devoir de conseil n'est pas juridiquement requis lorsque le candidat-acheteur est un professionnel agissant ès qualité.

— Le mandat.

Le mandat est dans le contexte qui nous intéresse un contrat passé entre le vendeur (le mandant) et l'agent immobilier, qui autorise ce dernier à inscrire le bien du mandant dans ses fichiers, à chercher un acquéreur pour celui-ci et à mener les démarches nécessaires à fin de vente. L'agent (appelé le mandataire) doit impérativement disposer d'un mandat signé par tous les vendeurs du bien pour avoir le droit d'en chercher acquéreur (l'agent immobilier ne vends rien, il ne fait que mettre en relation vendeur et acheteur: le *mandat de vente* n'existe donc pas, il faudrait plutôt parler de « mandat de recherche d'acquéreur »).

Outre les règles de droit commun des contrats (consentement, capacité...) et les informations que tout professionnel doit indiquer dans ses correspondances et papiers officiels (voir plus haut), il y a des règles à respecter quelle que soit la forme du mandat, et des dispositions particulières en présence d'un mandat *exclusif* ou *semi-exclusif* (**loi du 2 janvier 1970**).

Au titre des dispositions générales, mentionnons l'exigence d'un contrat écrit, rédigé en autant d'exemplaires que de parties, et disposant d'un numéro d'immatriculation propre au registre de l'agence. Le reste des dispositions est librement rédigé par les parties, mais je ne peux que conseiller d'être le plus précis possible : indiquez les noms, adresses et qualités des cocontractants, la description du bien à vendre avec son adresse, celle des meubles éventuellement joints à la vente, la durée de la mission de l'agent, qui ne peut être indéterminée, le prix de vente net vendeur (ce que recevra le vendeur), la commission hors-taxe et toutes taxes comprises de l'agence*, l'exigence ou non du versement d'un acompte par l'acquéreur au moment du compromis de vente ainsi que son montant, le détail des clés remises si le bien à faire visiter par l'agence est vide, les moyens que l'agence emploiera pour promouvoir le bien, et le cas échéant s'il s'agira d'un mandat exclusif ou semi-exclusif (sans mention, il sera réputé simple).

Rappelons que toute modification du mandat (évolution à la hausse ou la baisse du prix...) doit faire l'objet d'un avenant écrit et signé en autant d'exemplaires que de parties.

Le droit de la consommation permet au mandant de résilier le mandat sans motif pendant 14 jours à compter de sa signature s'il a été signé en-dehors des locaux de l'agence (ce délai initialement fixé à 7 jours a été prolongé par la loi ALUR), avec effet immédiat.
Passé ce délai initial, le mandat peut être résilié à tout moment en respectant un préavis de 15 jours.

Le mandat peut être reconduit par tacite reconduction, mais pas indéfiniment: une limite doit être fixée, l'usage fixant un an maximum.

Les frais d'agence, librement fixés par l'agence au forfait ou plus souvent au pourcentage, peuvent être à la charge du vendeur ou de l'acquéreur. S'ils sont à la charge du vendeur, l'agence affichera un prix global, net vendeur + commission, sans détails. S'ils sont à la charge de l'acquéreur, le prix affiché sera également global, avec le détail de la commission de l'agence.

La différence? Lorsqu'ils sont à la charge de l'acquéreur, ils n'entrent pas dans l'assiette de calcul des « frais de notaire ». Pensez à préciser cette modalité dans le mandat et le compromis de vente, avec la séparation explicite du prix net vendeur et de la commission d'agence.

Le mandat est simple quand il n'est ni exclusif, ni semi-exclusif. Il laisse la possibilité au vendeur d'entreprendre des démarches de vente par lui-même et/ou de confier la recherche d'un acquéreur à une ou plusieurs autres agences.

Le mandat dit « exclusif » a ceci de particulier qu'il confie à l'agent signataire, et à lui seul, le soin de rechercher un acquéreur pour le bien concerné. Le vendeur devra cesser dès sa signature toute démarche par lui-même (au risque de devoir indemniser l'agent en cas de réalisation de la vente) et ne pourra pas confier la recherche d'acquéreur à un autre intermédiaire pendant toute la durée du contrat. Il est fréquent que cette durée soit inférieure à celle d'un mandat simple, 6 mois contre un an, par exemple.

Les avantages du mandat exclusif sont au nombre de deux. Premièrement, l'agent sera plus enclin à mettre le bien en valeur, puisqu'il n'aura pas à craindre de concurrence. Deuxièmement, l'acheteur potentiel aura le sentiment de se trouver devant un bien particulier, qui n'a pas à être diffusé dans de nombreuses enseignes pour générer l'intérêt.
L'inconvénient réside pour le mandant dans son incapacité à intervenir, les rênes étant confiées entièrement à l'agence: d'où l'intérêt de bien choisir l'intermédiaire (réputation, expérience personnelle...), pour que cette période apporte les bénéfices escomptés.

En présence d'un mandat dit exclusif, le contrat doit comporter quelques précisions supplémentaires. Il doit naturellement indiquer de façon visible et explicite qu'il est exclusif. Il doit aussi informer le mandant que son engagement sera ferme les 3 premiers mois (sauf les 14 jours en cas de signature en-dehors de l'agence), la capacité de résiliation, avec 15 jours de préavis, intervenant au lendemain de ce délai. Enfin le mandat exclusif doit, comme l'autre, indiquer les moyens qu'emploiera l'agence pour assurer la publicité du bien, mais aussi les modalités par lesquelles elle en rendra compte au mandant.

Le mandat peut être « semi-exclusif ». En présence de cette forme particulière de mandat –dont la dénomination doit être clairement indiquée-, le mandant confie à une seule agence le soin de chercher un acquéreur, tout en gardant la possibilité de vendre par lui-même. Se crée alors une espèce de partenariat pro-privé, chacun recherchant acquéreur avec ses moyens propres.

Hélas, ce partenariat tend parfois à devenir une concurrence, car le bien apparaitra clairement sous deux prix différents, une fois « net », une fois « frais d'agence inclus ». Afin d'éviter cette distorsion entre les deux prix, et créer les conditions d'un partenariat que j'estime personnellement plus sain, je conseille d'aligner dès le départ les deux prix, celui du vendeur et celui de l'agence. Comment? En affichant en agence le même prix que le net vendeur, mais commission de l'agence incluse: cela créera en plus un genre de « prime » au propriétaire qui incitera le professionnel à s'engager, mais sur un pied d'égalité. Exemple: une maison dont le vendeur veut 200.000€. Le mandat confié à l'agence prévoira un prix de 200.000€ « frais d'agence inclus », le mandant se contenant de (pour 4% de commission) 193.000€ en cas de vente réalisée par l'agence.

Note 1: en-dehors de l'indication de sa qualité, le mandat semi-exclusif sera soumis aux mêmes règles que le mandat simple.

Note 2: le mandant peut « apporter » un acquéreur trouvé par lui-même à l'agence pour qu'elle établisse le compromis. Dans ce cas, les deux parties peuvent trouver un accord pour rémunérer le professionnel. Exemple : une maison affichée 200.000 € par le vendeur, 210.000 € par l'agence. L'acheteur veut payer 200.000 € mais le vendeur, par manque de temps pour s'occuper des formalités par exemple, l'envoi auprès du professionnel. Le prix demeurera celui convenu, 200.000 €, mais le vendeur se contentera par exemple de 197.000 €, la différence revenant à l'agence. Un avenant sera ainsi signé avant le compromis de vente pour consacrer ce nouveau prix.

• La vente par notaire

Ce type de vente est particulier, moins fréquent que les deux autres, et plus développé dans certaines régions qu'ailleurs: les annonces sont ainsi bien plus nombreuses en Bretagne qu'en Alsace, par exemple. Le notaire, comme l'agent immobilier, a impérativement besoin d'un mandat (simple, exclusif ou semi-exclusif) pour remplir sa mission de négociateur immobilier. Ce mandat devra obligatoirement être écris, enregistré et en autant d'exemplaires que de parties, avec des mentions obligatoires (désignation du bien et des parties, régime matrimonial, type de mandat, prix et frais détaillés, durée*). La publicité du notaire sera diffusée sur les mêmes supports que ceux de l'agent et du particulier, en plus de ses supports propres; or les similitudes s'arrêtent là, puisque la philosophie est toute différente chez l'officier public que chez l'agent immobilier commerçant.

Au titre des différences, notons que:

— le notaire n'a pas le droit de démarcher. Lui-même, ou plus vraisemblablement le clerc chargé de la négociation voir le service de négociation dédié ne peut aller « chercher » les mandats au moyen d'appels, mails ou tracts en boite aux lettres etc. Le mandat est apporté au notaire par le vendeur, de sa seule initiative.

— Les honoraires du notaire en sa qualité de négociateur (l'équivalent de la commission d'agence, je ne parle pas des frais de mutation et des émoluments du notaire en sa qualité d'officier public) ne sont pas libres, mais établis selon une grille fixée par l'Etat –et sont généralement inférieurs à des commissions d'agence immobilière.

En voici le barème: pour la part du bien allant de 0 à 45.732€, 5%, puis 2,5%. Une maison dont le vendeur souhaite 250.000€ net vendeur sera affichée chez le notaire (250.000+2286,6+5106,7) 257.393,30€, arrondis, on peut l'imaginer, à 257.390€. Nous ne sommes ainsi pas très éloignés, pour cet exemple, de 3% d'honoraires de négociation.

* Durée, délais d'irrévocabilité et tacite reconduction: idem au mandat signé avec une agence immobilière.*

Confier un mandat à un notaire peut apporter plusieurs **avantages**. Le notaire est un professionnel à la compétence normalement assurée; il ne découvrira pas le dossier au moment du compromis de vente comme cela arrive souvent en cas de vente entre particuliers ou via agence, et enfin il arrive que ce même notaire ait déjà eu à s'occuper du bien jadis (vente précédente, héritage...), auquel cas il connaitra par avance et le bien, et le mandant, ce qui peut faciliter les procédures.

Les « frais de notaire » ne portent pas sur la **valeur des meubles** inclus dans la cession, valeur fondue dans le prix net vendeur. Soyez raisonnables dans son estimation, l'administration fiscale tolérant un montant égal à 2-3% du montant global. Ainsi, par exemple, une maison affichée 200.000€ net vendeur peut comporter jusqu'à 6.000€ de meubles, comme des commodes, des armoires… les « frais de notaire » ne porteront donc que sur 194.000€, ce qui génère pour l'acheteur une économie non négligeable.

Notons enfin que l'agent immobilier et le notaire doivent indiquer dans leurs annonces de vente d'un bien immobilier affecté au logement le **diagnostic de performance énergétique**. Il sera le plus souvent demandé au moment de la prise de mandat et indiqué sur tous les supports (annonces en ligne, dans les journaux, en vitrine…), à défaut de quoi le professionnel s'expose à une action en concurrence déloyale vis-à-vis des autres respectant cette nécessité: un délai de réalisation du diagnostic sera généralement toléré (c'est la mention « en cours de réalisation » sur les affiches…). Les autres diagnostiques gagneront à figurer avec le mandat dans le dossier de vente du professionnel le plus tôt possible pour assurer une information complète du candidat-acquéreur.

Avez-vous choisi comment vous comptez assurer la promotion de votre maison ? Un peu de patience, et voilà les premières visites qui s'annoncent !

Les visites

Voilà sans aucun doute l'épisode d'une vente immobilière le plus émotionnel, le plus irrationnel, même: se rencontrent la volonté de céder un bien dans lequel on aura peut-être passé du temps, agréable ou non, et le souhait de s'établir pour avoir un abri, un logis à même de protéger sa famille et ses possessions. L'acheteur potentiel découvre le bien, pièce après pièce, loquace ou muet... aucune formule magique ne permet d'en deviner l'issu. Combien de ventes se sont faites alors que le visiteur-acheteur donnait toutes les impressions d'ennui et de déception? Combien de visites se sont révélées infructueuses tandis que le visiteur semblait déjà faire partie des murs? Deux aspects de ces fameuses et redoutables visites méritent toutefois un développement particulier.

• Les assurances en cas d'accident

Un visiteur glisse dans l'escalier lors d'une visite, et subit un dommage? Il ouvre une fenêtre, et fait tomber une balconnière sur une voiture? Les circonstances détermineront exactement la chaine de responsabilités, et tout prévoir à l'avance est impossible. On peut tout de même dresser quelques lignes directrices.

— Le dommage était imprévisible et résulte d'un défaut structurel du bien, c'est l'assurance du propriétaire qui théoriquement interviendra.

— Le dommage résulte d'un comportement inapproprié du visiteur, c'est sa propre assurance « responsabilité civile » qui théoriquement opérera.

— Le dommage provient d'une exposition par le propriétaire à un risque connu de sa part, c'est son assurance qui théoriquement jouera.

— Le dommage provient d'une exposition au risque par le professionnel, risque connu ou non de lui, c'est son assurance « responsabilité civile professionnelle » qui interviendra (toujours théoriquement).

• Les horaires des visites

Le propriétaire vendant par lui-même le bien qu'il occupe peut naturellement organiser les visites comme il l'entend; il doit toutefois respecter quelques règles si le logement est loué et occupé. Le professionnel, lui, doit s'entendre avec l'emploi du temps du mandant-occupant pour venir avec ses « prospects* » (le mandant ne peut faire obstruction manifeste, faute de quoi il contrevient aux dispositions du mandat), ou peut venir quand cela lui chante s'il a les clefs et que le logement est vide. Précisons que si le professionnel laisse les lumières allumées en repartant, oublie de refermer une fenêtre de toit laissant entrer la pluie (...), cela relève de sa responsabilité civile, à moins qu'il puisse prouver que le dommage résulte d'une intervention de son visiteur.

Prospect: candidat acheteur, acquéreur potentiel.

Les visites d'un bien loué

Dans cette hypothèse, le propriétaire vend son bien actuellement loué, et le nouveau propriétaire remplacera l'ancien en qualité de bailleur dans toutes les dispositions du bail courant. Selon l'**article 4 de la loi de 1989**, les visites d'un bien loué peuvent avoir lieu les jours ouvrables, ce qui exclut les dimanche et jours fériés. La durée totale des visites ne doit pas dépasser deux heures par jour. En revanche, la loi ne fixe pas d'horaires: le propriétaire ou son représentant (agent ou notaire) devra s'entendre avec le locataire. Le propriétaire ne peut pas rentrer dans le logement en l'absence du locataire et il ne peut pas exiger de lui qu'il lui confie un trousseau de clefs. Si le locataire accepte de confier des clefs au propriétaire pour qu'il puisse faire visiter, on ne peut que conseiller d'établir un écrit constatant ce prêt et la possibilité donnée au vendeur.

La vente d'un bien loué consécutive à un congé (du bailleur ou du locataire) est soumise à des règles très spécifiques, qui seront traitées plus bas.

[Un bien mis sur le marché loué et occupé se vendra généralement moins cher qu'un bien libre, puisque le nouveau propriétaire ne pourra l'occuper immédiatement, et plus difficilement, les acquéreurs souhaitant investir ou prêts à s'accommoder d'un bail en cours d'exécution étant plus rares que les acquéreurs recherchant un bien vide.]

Les visites se soldent souvent (bien que non nécessairement) par un bon de visite, signé entre le visiteur du bien et celui ayant mené la visite.

• Le bon de visite

Le bon de visite est un document (souvent un formulaire multi-exemplaires d'un bloc détachable) signé par le visiteur d'un bien, qui établit qu'il a visité tel immeuble à telle date en présence de tel professionnel, qui contresigne le bon. Le « BDV » servant essentiellement à prouver le droit à commission, son établissement entre visiteur et particulier-vendeur semble d'un intérêt limité. Le BDV sera pour le professionnel l'une des preuves qu'il a bien mis en relation le visiteur-acheteur et le vendeur, condition *sine qua non* au paiement de ses honoraires au moment de l'acte de vente.

Quelques précisions:

— le bon de visite n'ouvre aucun droit à rémunération pour l'agence ou le notaire non-mandaté pour l'immeuble correspondant.

— Le **formalisme** du BDV est limité. Je préconise d'indiquer clairement l'adresse du bien, sa désignation, l'identité des visiteurs et du professionnel, la date, le prix, le numéro de mandat et la durée pendant laquelle le bon de visite engage le visiteur. En cas de contre-visite avec le même visiteur, ne pas hésiter à faire signer un second bon.

— En présence d'un **mandat simple**, le visiteur, malgré la signature d'un bon de visite, peut fort bien faire fi de toute délicatesse et conclure la vente directement avec le vendeur, voir par l'entremise d'un autre professionnel mandaté. En effet, la jurisprudence actuelle va dans le sens de l'acheteur, et fait du BDV dans cette hypothèse un simple engagement moral (et une preuve de traçabilité des visites).

— En présence d'un **mandat semi-exclusif**, le visiteur ne peut contourner le professionnel cosignataire du BDV au profit d'un de ses concurrents, puisque logiquement il n'y en a pas. Le visiteur peut toutefois conclure la vente directement avec le vendeur malgré l'existence d'un BDV et économiser les frais d'agence, comme c'est le cas pour le mandat simple.

— En présence d'un **mandat exclusif** le BDV est en théorie inutile, puisque la vente ne peut se faire que par le concours de l'unique intermédiaire mandaté — mais il s'avère indispensable une fois l'exclusivité terminée! Pour éviter qu'un visiteur de l'agence (ou du notaire) attende la fin de validité de l'exclusivité pour s'approcher du vendeur et ne pas avoir à payer la commission de l'intermédiaire, la **règle de survivance de l'exclusivité** le protège lui et son travail.
Exemple: un mandat avec exclusivité courant jusqu'au 31 décembre, et durée de survie de l'exclusivité de 6 mois. Le visiteur ayant signé le BDV avec le mandataire devra ainsi attendre le 31 juin suivant pour s'engager avec le vendeur.

Par conséquence, en présence d'un mandat exclusif, cette exclusivité s'applique strictement durant le mandat et jusqu'à la fin de la survivance pour les visiteurs concernés. Sa durée est prévue dans le mandat.

Le bon de visite est ainsi un document fragile, utile principalement dans le cadre d'un mandat exclusif, finalement peu protecteur des intérêts du mandataire.

La cour d'appel de Toulouse, dans son arrêt du 1e février 2011, énonce néanmoins qu'**en cas de « manquement *grave* à son obligation de loyauté »**, l'acquéreur contournant le professionnel à qui il a signé un BDV et dont l'intervention a été déterminante dans son choix d'achat peut se voir condamner à payer des dommages-intérêts: la justice devra établir la gravité de la manœuvre.

Les visites avec ou sans bon se sont bien passées, et un prospect manifeste son envie d'acquérir le bien. La suite naturelle est la signature d'un compromis ou d'une promesse de vente, mais une étape peut intervenir avant: l'offre d'achat.

L'offre d'achat

Une offre d'achat est un document présenté par le prospect intéressé, dans lequel il manifeste son souhait d'acquérir un bien. Selon le type de mandat, il la présentera au vendeur, à l'agent immobilier ou au notaire. Dans ces deux derniers cas, les professionnels devront communiquer l'offre à leur mandant.

Dans le cadre d'une vente entre particuliers, l'offre d'achat est souvent utilisée pour rassurer le vendeur, qui attendra communément ce document pour faire réaliser les diagnostiques techniques obligatoires, d'un coût non négligeable: l'acheteur potentiel les aura à temps, et le vendeur aura un retour sur investissement plus assuré.

Aucun formalisme n'est exigé, mais je ne peux que conseiller d'être précis (bien concerné, identité précise du prospect, prix proposé, qui peut être différent de celui exigé par le vendeur, durée pendant laquelle l'offre est valide, projet de financement (quel crédit? quel apport?)...)

• <u>Quelles différences avec un compromis de vente ?</u>

— L'offre d'achat ne doit être assortie d'aucune contrepartie financière, sous peine de nullité.

— L'offre d'achat en elle-même ne lie pas le candidat-acheteur, elle sert essentiellement à manifester sa volonté quand la préparation du compromis risque de prendre du temps, et/ou à présenter une contre-offre (donc sous le prix demandé) plus officiellement qu'oralement.

• <u>Quel sort de l'offre une fois formulée ?</u>

— Si l'offre est inférieure au prix demandé, le vendeur peut la refuser ou ne pas répondre dans le délai imparti, dans quel cas l'offre deviendra caduque.
Le vendeur ne peut refuser une offre faite au prix de vente (en théorie... rien ne l'empêche de faire trainer pour une raison ou une autre jusqu'à dépasser le délai, mais quel intérêt?)

— Si le vendeur manifeste son accord à l'offre en la contresignant avec la mention « bon pour accord pour vente au prix de... », il se trouve engagé et ne peut, théoriquement, plus se dédire. Car selon le code civil, une vente est parfaite quand acheteur et vendeur tombent d'accord sur la chose et le prix... c'est sans compter sur le droit particulier des ventes immobilières, qui exigent la signature d'au moins un autre contrat.

• ## Partant de là, quid si l'un des deux revient sur son engagement ?

— Le candidat-acheteur refuse de poursuivre alors que le vendeur a accepté son offre: le vendeur peut demander à l'acheteur de signer le compromis, et à défaut de lui verser des dommages-intérêts. Or le compromis de vente offre un droit de rétractation inconditionnel à l'acquéreur, et la procédure de dommages-intérêts est longue...

— Le vendeur refuse de poursuivre alors qu'il a signé l'offre: le droit à dommages-intérêts se retrouve dans ce cas-là, plus aisé à mettre en œuvre.

Le bien est visité, vendeur et acheteur potentiel sont tombés d'accord sur la chose et le prix (avec ou sans offre d'achat), il est temps de fixer ces volontés par un contrat liant les parties. A ce moment, il y a le choix entre deux possibilités. Opter pour une promesse de vente ou se rendre directement chez le notaire pour signer un acte de vente définitif: j'encourage fortement les parties à éviter cette seconde option, permise par la loi mais exposant les contractants à de grandes difficultés tant il y a de choses à prévoir et arrêter avant d'apposer sa griffe sur l'acte définitif.

La promesse de vente peut être de deux sortes: unilatérale ou synallagmatique (« où les deux parties s'engagent réciproquement et simultanément »): pour la clarté du propos, j'appellerai ces deux contrats respectivement « promesse de vente » et « compromis de vente ».

Le compromis de vente

Il s'agit de rien de moins que du premier pas vous engageant dans la vente ou l'acquisition d'un bien immobilier, bien plus protecteur et lourd de conséquences qu'une offre d'achat.

Le compromis de vente, parfois appelé « avant-contrat » ou « promesse synallagmatique de vente » ou familièrement « sous-seing* », consacre la volonté de vendre et d'acheter un immeuble aux conditions convenues, volontés ayant toutefois encore besoin de l'accomplissement de différentes formalités pour permettre la transmission définitive de la propriété; c'est en réalité un différé de la vente, puisque les éléments essentiels de cette vente sont déjà approuvés par acheteur et vendeur. Cela semble complexe, mais pas de panique! En abordant la question point par point, ce contrat perdra de l'aura un peu effrayant que beaucoup d'acheteurs appréhendent.

Qu'il soit préparé par un agent immobilier**, un notaire*** ou même le vendeur lui-même (des modèles se trouvent aisément, mais le compromis posant les bases de l'acte final je vous invite à être extrêmement méticuleux à cette étape), il doit obéir à un certain formalisme, comporter certaines clauses, et prévoir différents accomplissements.

*On parle de contrat « sous seing privé » dès lors qu'aucun officier public n'intervient dans sa rédaction, au contraire de l'acte « authentique ». Cette dénomination usuelle n'empêche pas le compromis de pouvoir être préparé par un notaire.

**Il arrive souvent que les agences immobilières rédigent elles-mêmes les compromis, généralement cela fait partie des prestations rémunérées par les « frais d'agence ». Elles peuvent aussi en confier la rédaction à un notaire: le mandat détermine en général qui fait quoi, et aux frais de qui.

***Le notaire n'a pas besoin d'être mandaté pour rédiger un compromis de vente: il intervient pour cela en tant qu'officier public, et non en tant que mandataire immobilier.

Les pièces à joindre au compromis

Acheteurs comme vendeurs doivent présenter un certain nombre de documents au moment de signer le compromis: les copies de ceux-ci seront intégrées au compromis en tant qu'annexes, seront paraphées par les parties et la liste en sera détaillée dans l'avant-contrat. Citons:

— si le bien se situe en **copropriété**, le règlement de copropriété, une copie du carnet d'entretien de l'immeuble, les trois derniers procès-verbaux des assemblées générales, un détail des charges courantes, le solde des sommes dues au syndic, les impayés de charges imputés au syndic, la fiche synthétique de la copropriété (dès le 31 décembre 2016), une notice d'information des droits et devoirs du copropriétaire et du syndic (décret en cours).

— L'intégralité des **diagnostics techniques obligatoires** requis pour le bien, avec l'attestation d'assurance du diagnostiqueur et ses certifications.

— Un **titre de propriété** émanant du vendeur.

— Tout document attestant de l'**identité du vendeur et de l'acheteur** (carte d'identité...) ainsi que leur situation matrimoniale (livret de famille ou extrait d'acte de naissance de moins de 3 mois, copie d'acte de mariage ou de PACS...)

— En cas de **tutelle** ou de **curatelle**, l'identité du tuteur/curateur ou la composition du conseil de famille.

— Si le bien vendu a fait l'objet (ou fait l'objet) de **modifications importantes**, le permis de construire et/ou la déclaration préalable et le certificat de conformité. Le vendeur peut transmettre les factures d'entrepreneurs correspondantes à l'acquéreur au moment de l'acte définitif pour lui transmettre ses droits à garantie.

— En cas de vente d'un **terrain**, un certificat d'urbanisme (informatif ou opérationnel) et un extrait cadastral.

— Le ou les **bon(s) de visite** signé(s) par les visiteurs-acquéreurs et celui qui a mené la visite.

— Le **chèque d'acompte** de l'acquéreur si le versement d'un acompte (ou « dépôt de garantie ») à été prévu, équivalent généralement à 10% maximum du prix de vente. Il sera encaissé sur le compte séquestre de l'intermédiaire (couvert par une garantie particulière dont le montant doit figurer sur ses documents) et sera déduit du prix de vente au moment de la signature de l'acte authentique.

Note 1: le virement bancaire est imposé au-delà de 10.000€ d'acompte.

Note 2: on attend parfois l'expiration du délai de rétractation (voir ci-dessous) pour demander à l'acquéreur le paiement de l'acompte, mais ce n'est pas obligatoire.

— Plus généralement tout papier fournissant un **renseignement pertinent** sur le bien vendu et les droits qui y sont attachés: dans ces circonstances, un peu plus vaudra mieux qu'un peu moins.

Les clauses obligatoires

En titre liminaire, disons que le compromis de vente doit être rédigé en autant d'exemplaires originaux que de signataires. Quand l'acheteur est un couple marié, chaque époux doit avoir son exemplaire original. Un couple vendant à un autre générera ainsi 3 exemplaires originaux.

Ce contrat reprend les éléments sur lesquels acheteurs et vendeurs sont tombés d'accord, et trace la voie de l'acte de vente définitif: on peut donc distinguer les mentions obligatoires du compromis de vente reprenant les informations acquiescées, de celles créant des obligations en prévision de l'acte de vente.

• Le rappel des éléments discutés et vérifiés

— L'identité des parties: leurs noms, pseudonymes le cas échéant, adresses, dates et lieux de naissance, régimes matrimoniaux.

Un candidat-acheteur peut s'engager envers le vendeur à ce qu'un tiers contracte plus tard l'acte authentique à sa place (c'est la « promesse de porte-fort », qui doit être spécifiée): si le tiers signe l'acte de vente comme prévu, celui-ci se retrouve rétroactivement engagé au compromis; s'il refuse, la responsabilité de celui ayant avancé la promesse peut être engagée. A ne pas confondre avec la clause de subrogation, détaillée plus bas.

Le mandataire peut engager son mandant en signant pour lui le compromis à deux conditions: il doit y être spécifiquement et explicitement autorisé dans le mandat, et doit scrupuleusement respecter les conditions de ce même mandat.

— **L'identité de l'éventuel intermédiaire**, joint de tous les renseignements qu'exige la loi (voir plus haut), et le cas échéant l'identité de son représentant (nom de l'agence et nom du négociateur, de l'office notariale et du clerc...).

— **La désignation précise du bien**, avec son (ses) adresse(s), numéros le lot(s), références cadastrales, équipements de confort le composant...

— **Le prix du bien**, avec le détail du prix net vendeur, de la commission d'agence le cas échéant (HT et TTC, « à charge du vendeur » ou « à charge de l'acquéreur ») et une estimation des frais de mutation. En cas de vente à un professionnel ès qualité, le montant de la TVA doit être précisé. Si un acompte est versé, l'indiquer ici.

— **La liste précise des éventuels meubles** joints à la vente avec leur valeur individuelle et le total, que par prudence je limite à 3% du prix net vendeur de l'ensemble (voir encadré plus haut).

— Le plan de financement de l'acquisition. Il s'agit de l'exposé des moyens que l'acquéreur mettra en œuvre pour honorer le paiement de son achat. Sans encore parler de condition suspensive liée à un crédit bancaire (qui sera développée plus bas), l'acquéreur annonce le montant de son apport (qui peut être de zéro: l'épargne de l'acquéreur ayant par exemple déjà été mobilisée pour l'acompte), combien il compte emprunter, quels organismes financiers seront démarchés pour contracter cet emprunt et comment il compte informer le vendeur ou le mandataire de ses diligences.

Note: l'acquéreur se passant de prêt bancaire doit préciser ici et de façon manuscrite qu'il renonce au concours de la loi de 1979 protégeant l'acquéreur-emprunteur.

• ### Les clauses du compromis se projetant vers l'acte de vente

Hormis la clause mentionnant la date de signature de l'acte définitif devant notaire*, qui fait office de rendez-vous pour conclure une fois pour toute la vente (date que l'on détermine de façon à ne pas devoir trop se presser eu égard aux particularités de la vente, trois mois étant classique en cas de recours à un crédit bancaire par exemple), toutes ces clauses sont dites « suspensives », car leur non-réalisation entrainera l'annulation de la vente et la restitution de l'éventuel acompte à l'acquéreur.

La date n'a pas à être un jour particulier, on peut inscrire « dans la semaine du lundi 12 septembre », par exemple. Une fois que le notaire pourra caler une date fixe, il en informera les parties.

— La plus connue est sans doute la **clause suspensive d'obtention par l'acquéreur d'un prêt bancaire**. Par cette clause, l'acquéreur devant souscrire un crédit bancaire s'engage à effectuer les démarches du plan de financement et donc à présenter un prêt bancaire accordé et échéancé au moment de la vente; cette clause permet au vendeur d'être sûr que son acquéreur pourra payer le bien au moment de l'acte de vente. Concrètement, à quoi s'engage l'acquéreur?

Premièrement, à présenter, dans un délai en général fixé à deux semaines suivant la fin du délai de rétractation, toutes les preuves de la mise en œuvre de ses démarches. Si le plan de financement précise qu'il contactera au moins deux établissements financiers, il devra présenter dans ce délai au moins deux attestations de demande de prêt des établissements concernés. S'il ne présente rien dans ce délai, ou des attestations d'autres établissements, ou des attestations portant sur des éléments autres que ceux du compromis (prix différent, immeuble différent...), cela ne remet pas en cause le déroulé ultérieur du compromis, mais l'acquéreur s'expose à l'application d'une clause pénale et au versement d'une pénalité équivalent à 10% du montant de la vente. Or ce ne peut être qu'un accident lié à un délai trop court par exemple, et une discussion permet parfois de rassurer les parties −et surtout le vendeur.

Deuxièmement, pendant un second délai succédant au premier (que les attestations aient été présentées ou non), l'acquéreur s'engage à présenter les réponses des établissements financiers énoncés dans le plan de financement. Ce second délai est en général fixé à 45 jours, parfois plus, rarement moins.

Si une seule de ces demandes de prêt, apte à honorer le prix demandé, aboutit dans le délai, la clause est respectée et ne fait plus obstacle à la signature de l'acte de vente (qu'importe au final quel organisme accorde le prêt, du moment que le bien est financé).

Si elles sont toutes négatives à l'échéance du délai, la vente est annulée. De plus, si ces refus émanent tous d'établissements non-prévus au plan de financement, et/ou sont tous basés sur des éléments autres que ceux du compromis, l' « acquéreur » risque de se voir appliquer la clause pénale; idem en cas de manque de toute réponse, des établissements prévus ou non (signe qu'il n'aura effectué aucune démarche, ou n'en aura rien dit...)

— La clause suspensive de vente préalable d'un bien immobilier. Par cette clause, l'acquéreur conditionne l'aboutissement du compromis à la vente préalable d'un autre bien lui appartenant. Par exemple, un acheteur signant un compromis pour une maison énonce que l'appartement dans lequel il vit actuellement doit être vendu (par acte authentique) avant la date prévue pour l'acte authentique concernant la maison.

Une date butoir doit être fixée pour cette vente « secondaire », et le délai prévu pour l'acte authentique « principale » doit être suffisamment long pour permettre la vente « secondaire ».

L'acquéreur devra fournir une preuve de la vente préalable pour lever cette clause suspensive, ou en cas d'échec de la vente préalable au terme prévu il devra prouver avoir effectué les démarches de vente de bonne foi (diffusion d'annonces, prix demandé cohérent...)

— **La clause suspensive de présentation d'un état hypothécaire vierge**. Une hypothèque est un droit réel attaché à une chose et non à une personne. Pour éviter que l'acquéreur se trouve embarrassé par une hypothèque pesant sur le bien objet du compromis, et donc risque de voir son acquisition saisie du fait de l'insolvabilité du vendeur après la vente, il peut exiger que le vendeur présente dans un délai donné un état hypothécaire vierge. En l'occurrence, ce sera le notaire qui présentera ce document à l'acquéreur (ou l'informera de son contenu). A défaut, la clause ne sera pas respectée et l'acte définitif ne sera pas signé.

— **La clause suspensive d'obtention d'un certificat d'urbanisme opérationnel**. Ce certificat confirmera à l'acquéreur que le terrain objet du compromis peut être utilisé pour la réalisation de son projet, mais il ne vaut pas autorisation de construire. Pour cela, il faut préférer la **clause suspensive d'obtention d'un permis de construire** purgé de tout recours et retrait (qui est toutefois plus long à obtenir qu'un CU opérationnel). La clause suspensive d'obtention d'un CU informatif ne présente presqu'aucun intérêt, puisqu'il peut être obtenu avant le compromis.

— **La clause de préemption municipale**, pour les biens situés dans des zones de préemption. Ce droit de préemption, appartenant à la commune du bien vendu (ou le conseil général en présence d'un espace naturel sensible) à qui le notaire ou l'agent immobilier transmet une « déclaration d'intention d'aliéner », permet à ladite commune de remplacer l'acquéreur mentionné dans le compromis pour acheter le bien à sa place, aux prix et conditions du compromis. La DIA est un document particulier, agrée CERFA, et exige l'adjonction de pièces complémentaires.

Il ne s'agit donc pas d'une condition suspensive à proprement parler, puisque ni sa réalisation ni sa non-réalisation ne remettent la vente en cause: elles détermineront simplement l'identité de l'acquéreur.

La collectivité publique dispose de deux mois (trois lorsque le bien est situé en espace naturel sensible) à compter de la réception de la DIA pour faire savoir si elle souhaite ou non acquérir le bien. Elle peut durant ce délai demander des informations complémentaires et/ou visiter le bien et/ou renégocier le prix de vente avec le vendeur.

La réponse du titulaire du droit de préemption est notifiée à la personne ayant élaboré la déclaration (très souvent le notaire). L'absence de réponse dans le délai imparti équivaut à un refus de préempter.

Note 1: En cas de vente d'un bien loué, la vente à une collectivité locale par préemption doit être portée à la connaissance du locataire par LRAR.

Note 2: en cas de vente via agence immobilière, la DIA doit préciser le prix net vendeur, le montant de la commission d'agence et qui du vendeur ou de l'acquéreur doit l'honorer. Idem en ce qui concerne les honoraires de négociation du notaire s'il avait mandat et que la vente s'est conclue par son entremise.

Les clauses annexes

— La clause de dédit. Cette disposition permet à l'acquéreur, indépendamment de toute clause suspensive, de revenir sur son engagement après le délai de rétractation (voir ci-dessous). Elle doit être limitée dans le temps, et est assortie d'une indemnisation pour le vendeur dont le montant et les modalités de versement doivent être précisées. Elle doit être utilisée de bonne foi, faute de quoi la clause pénale pourrait s'enclencher et la pénalité s'additionner à l'indemnisation. L'invocation de la clause de dédit est irrévocable et entraine le remboursement de l'acompte.

— La clause pénale (art. 1226 code civil). Cette mention du compromis fixe la sanction pécuniaire, pour chacune des parties, du retard d'exécution des obligations qui leur incombent. Elle peut aussi bien s'appliquer pour le vendeur (qui se rétracte, par exemple) que pour l'acquéreur (qui n'effectue pas les démarches auxquelles il s'est engagé ou se rétracte, sauf en application d'une clause de dédit...). Le contrat ne doit pas être annulé au moment de son invocation.

Note 1: un compromis signé sans clause suspensive rend obligatoire (sauf droit légal de rétractation et clause de dédit) la présence des parties auprès du notaire à la date convenue pour signer l'acte de vente. L'absence de l'un d'eux sera constatée par un procès-verbal de carence, qui ouvre la voie à la mise en œuvre de la clause pénale.

*Note 2: le juge saisi peut diminuer ou augmenter la sanction prévue par la clause pénale (**art. 1152 code civil**).*

— La clause de subrogation. Par cette clause, l'une des parties au compromis, l'acheteur plus exactement, prévoit la faculté de se faire subroger (remplacer) par un tiers personne physiques ou morale au moment de la signature de l'acte de vente définitif. Cette faculté est souvent utilisée en cas de constitution d'une SCI par un de ses futurs associés, celle-ci (par son représentant) remplaçant la personne physique au moment de l'acte définitif.

Note 1: le droit à commission de l'agence immobilière reposant sur la mise en relation entre acheteur et vendeur, la subrogation au moment de la signature de l'acte de vente, qui déclenche ce droit à commission, peut le remettre en cause (l'acheteur n'étant stricto sensu plus le même). L'agent prudent fera signer un engagement au tiers subrogeant, mais la jurisprudence n'étant que peu claire, ce ne saurait garantir un droit à commission absolument.

Note 2: la subrogation n'est pas la promesse de porte-fort, où le promettant s'engage vis-à-vis du vendeur. La subrogation ne lie son souscripteur qu'au tiers subrogeant.

*

Le compromis et ses pièces jointes sont lus, paraphés, signés, l'ensemble doit maintenant **être transmis aux parties** – à chacun des époux si l'acheteur est un couple marié. Les délais induits par le compromis démarrent le lendemain de la première présentation du courrier à l'acheteur, même si celui-ci est absent au moment du passage du facteur.

— Signé entre particuliers, le vendeur fera parvenir un compromis original (avec annexes) à chaque acquéreur par lettre recommandée avec accusé de réception. Le vendeur attendra la fin du délai légal de rétractation pour communiquer une copie au notaire, afin d'éviter une démarche inutile en cas d'utilisation par l'acheteur de cette faculté.

— Passé devant notaire, les parties ne signent qu'un exemplaire original et obtiendront copie soit par LRAR (acheteur), soit par courrier simple (vendeur), soit immédiatement en main propre contre récépissé.

— Signé en agence, l'acquéreur obtiendra son exemplaire original par LRAR, le vendeur par courrier simple (je conseille une LRAR pour toutes les parties). L'agence attendra la fin du délai légal de rétractation pour communiquer une copie au notaire, afin d'éviter une démarche inutile en cas d'utilisation par l'acheteur de cette faculté.

La faculté de rétractation

Le droit de rétractation est une faculté indissociable du compromis de vente offerte à l'acquéreur, hormis en cas de vente de terrain à bâtir. Ce droit permet à l'acheteur de revenir sur son engagement sans motiver sa décision **pendant une durée de 10 jours** (depuis le 8 aout 2015, voir loi du 6 aout 2015 dite loi Macron) à compter du lendemain de la première présentation de la LRAR contenant le compromis (ou du lendemain de la remise en mains propres en cas de signature chez le notaire). L'exercice de ce droit n'expose l'acheteur à **aucune pénalité**, et génère la **restitution à l'acheteur de l'acompte** éventuellement versé (d'où la pratique rencontrée parfois d'attendre la fin de ce délai pour demander à l'acquéreur de payer son acompte, cela évite une double écriture inutile en cas de rétractation) dans un délai –théorique- de 21 jours à compter du lendemain de la date de rétractation.

L'exercice de ce droit se fait par courrier en LRAR, la date d'envoi faisant foi. Passé ce délai de 10 jours, les clauses du compromis deviennent pleinement exécutoires. L'acheteur ne peut pas revenir sur sa décision de se rétracter, même si le délai des 10 jours court toujours: la décision est irrévocable.

Note 1: si le 10e jour tombe sur un jour férié, la fin du délai est reportée au premier jour ouvrable suivant inclus.

Note 2: cette faculté n'est pas offerte à l'acquéreur professionnel ès qualité.

Note 3: quand le compromis est remis en main propre par le notaire devant qui il a été signé, le délai des 10 jours démarre le lendemain de la remise – à moins que la vente concerne un lot de copropriété et qu'une pièce indispensable manquait au compromis, auquel cas le délai commence à courir le lendemain de la communication de la dernièrepièce.

La promesse de vente

Cet avant-contrat se signe entre le vendeur (dit le « promettant ») et le potentiel acheteur (dit le « bénéficiaire ») sous seing privé ou devant notaire.

Ce contrat prévoit que le promettant réservera le bien au profit du bénéficiaire pendant un certain temps, bénéficiaire qui l'achètera ou non: c'est une option d'achat à durée déterminée. Le promettant s'engage à ne présenter le bien à personne d'autre durant cette période, même si on lui fait une offre plus intéressante; la contrepartie à charge du bénéficiaire est le versement d'une indemnité d'immobilisation, généralement fixée à 10% de la valeur du bien.

Le formalisme de la promesse de vente

Ce contrat doit clairement désigner:

— le bénéficiaire et le promettant
— le bien objet de la promesse (avec sa surface « Carrez » s'il s'agit d'un lot de copropriété)
— l'existence d'une hypothèque, servitude... le cas échéant
— le prix de vente fixé
— la date de signature

— la durée pendant laquelle le bénéficiaire peut lever l'option d'achat

— les éventuelles clauses suspensives (obtention d'un prêt...) et clause pénale

— le montant de l'indemnité d'immobilisation et son sort selon l'évolution de la promesse

— les modalités d'information du choix du bénéficiaire au promettant.

Il doit comporter les diagnostiques amiante, plomb et termites, si le bien les exige.

Note 1: la promesse de vente doit être enregistrée auprès de l'hôtel des impôts du lien de résidence d'un des signataires dans les dix jours de la signature; prévoyez un exemplaire original pour l'administration fiscale en plus des exemplaires des signataires.

Note 2: la promesse de vente offre au bénéficiaire le même droit de rétractation que celui prévu pour le compromis de vente.

Note 3: tandis que la capacité juridique des parties à un compromis de vente se vérifie au moment de sa signature, il peut en être autrement pour la promesse de vente. Dans ce cas, elle doit exister pour le promettant au moment de la signature de la promesse, au moment de la levée d'option pour le bénéficiaire (sauf versement d'une indemnité d'immobilisation, pour lequel il doit aussi jouir de sa capacité à contracter).

Les différentes possibilités offertes aux parties

— **Le bénéficiaire renonce** explicitement à acquérir le bien et ne lève pas l'option. Le vendeur est libéré de son engagement et peut remettre son bien en vente. L'indemnité d'immobilisation reste acquise au promettant.

— **Une clause suspensive n'est pas réalisée**: le contrat est annulé et le bénéficiaire récupère son indemnité (clause pénale ou dommages-intérêts éventuellement invoqués en cas de mauvaise foi).

— **Le promettant revient sur sa promesse** durant la période de validité de l'option: le bénéficiaire récupère son indemnité, la clause pénale ou des dommages-intérêts peuvent être invoqués.

— **L'option est dûment levée**: la vente peut être réitérée devant notaire par un acte authentique, le montant de l'indemnité d'immobilisation sera déduit du prix global. Si le vendeur revient sur sa promesse après la levée de l'option, le bénéficiaire-acheteur peut faire contraindre le vendeur de procéder à la vente.

Personne ne s'est rétracté, l'option à été levée le cas échéant, toutes les clauses suspensives se sont réalisées et aucune cause de nullité n'a frappé le compromis ou la promesse? La prochaine étape est prévue à l'avant-contrat, il s'agit de l'acte de vente, l'acte authentique qui fera (enfin) de l'acheteur le nouveau propriétaire du bien.

L'acte de vente et ses conséquences

L'acte de vente (signé obligatoirement devant notaire) marque la fin du processus de vente et transfert la propriété du bien du vendeur à l'acquéreur. On dit que signant ce contrat on réitère le compromis de vente, puisqu'il reprend scrupuleusement ses éléments constitutifs: identité des parties, description de l'immeuble, son prix, modalités de financement etc.

Le formalisme de l'acte de vente

Le notaire est seul responsable de son contenu: il vérifiera point par point l'exactitude des différentes particularités du contrat (souvent en le relisant devant les parties) afin de faire conclure un engagement légalement parfait, mais aussi répondant aux attentes du vendeur et de l'acquéreur.

Outre celle du notaire, la signature de l'acte de vente exige la présence des parties, dont l'identité sera vérifiée. Le notaire cosigne l'acte de vente. Copie peut être envoyée aux parties quelques jours avant celui fixé pour la signature afin qu'elles puissent étudier le document plus tranquillement, et signaler certaines erreurs (le plus souvent de frappe à cette étape).

Note: l'acquéreur peut demander à (re)visiter le bien juste avant la signature de l'acte de vente pour s'assurer qu'il remplisse les conditions du compromis, relatives à son intégrité et à ses composants notamment. En cas de problème, le notaire peut retenir une partie du prix de vente jusqu'à ce qu'il soit résolu.

Les effets de l'acte de vente

L'acte de vente **transfert à la date de la signature la propriété du bien**, cette date étant réputée certaine. Les autres éléments contenus dans l'acte reçoivent une force probante, ceci servant en cas de litige, et une force exécutoire de plein droit (le vendeur qui contrevient à son *obligation de délivrance* et ne veut pas libérer son ancien bien peut voir exécuté contre lui une procédure d'expulsion sur le fondement de l'acte de vente).

Outre l'obligation de délivrance, le vendeur est sommé de livrer le bien tel que décrit dans le compromis (c'est la *garantie de conformité*).

L'acheteur, lui, n'est soumis qu'à une seule obligation, celle de **payer le prix convenu** le jour même de la signature, par chèque (chèque de banque ou chèque certifié*) ou virement bancaire. La somme, moins l'acompte ou l'indemnité d'immobilisation, transite par la comptabilité de l'office notariale, et se trouve généralement déjà disponible chez elle le jour de la vente en cas de financement par prêt bancaire: concrètement, ce sera le notaire qui débloquera les fonds à destination du vendeur –« le plus vite possible », la comptabilité du notaire étant souvent soumise à un labeur conséquent...

*Le chèque de banque est le plus sécurisant, puisqu'il prélève la somme sur un compte de la banque elle-même ; le chèque est certifié lorsque la banque, au moment de son émission, garantie la présence de la somme pendant 8 jours sur le compte de l'acheteur.

En même temps qu'il honore le prix du bien, l'acheteur paie tous les frais générés par son opération, les fameux « frais de notaire » détaillés plus bas. L'acheteur règle ces frais par chèque, ou en espèces. Il s'agit en réalité d'une provision, ces frais étant définitivement arrêté plus ou moins au moment où l'acheteur reçoit son titre de propriété: ces frais sont généralement surévalués pour éviter une régularisation, et en cas de trop-perçu le notaire remboursera à l'acquéreur la différence.
Enfin, la TVA et la plus-value immobilière aussi (voir plus bas) sont réglés au moment de la signature de l'acte authentique.

Le **titre de propriété** sera délivré à l'acquéreur dans les 3 mois suivant la signature, le temps pour le notaire de publier l'acte de vente au bureau des hypothèques et de payer les taxes. Une *attestation de propriété*, moins forte en droit, est remise à l'acquéreur bien plus rapidement pour lui permettre de justifier son achat là où il ne peut attendre si longtemps (assurances...)

Note: la signature de l'acte de vente peut se faire sur un support électronique.

La conservation de l'acte

Communément un seul original est signé, qui sera conservé par le notaire pendant une durée minimale de 75 ans; le vendeur reçoit une simple copie, l'acquéreur reçoit plus tard une copie authentique.

*

Tous les papiers signés, le vendeur, dans le bureau même du notaire, **remet les clefs** de son ancien bien à l'acquéreur, comme un régent remet son sceptre à son successeur...

A moins que cette remise soit différée: l'acquéreur peut les avoir <u>avant la signature</u> (quand le « courant passe bien » entre les parties, que l'acheteur a son financement acquis, une assurance… c'est souvent un échange de bons procédés lorsque l'acquéreur en manifeste le besoin, pour par exemple éviter de chercher un logement intermédiaire si son bail expire peu de temps avant la signature et que le vendeur a déjà quitté les lieux…) <u>ou après</u>, quand par exemple le vendeur a besoin de temps pour se reloger lui-même: dans ce cas, l'entrée en jouissance différée doit être prévue dans l'acte (une partie du prix peut être gardée en séquestre par le notaire et versée à la libération des lieux pour inciter le vendeur à libérer le bien au jour prévu, et/ou l'acheteur peut bénéficier durant cette période d'une indemnité d'occupation… aux parties de s'arranger dans le cadre de l'acte de vente, en fonction des circonstances).

Cas particuliers et transversaux

La vente en l'état futur d'achèvement

Ce type de vente, communément appelé « VEFA », concerne exclusivement les logements neufs, si neufs qu'ils n'existent même pas encore: c'est une vente sur plan, l'acheteur acquiert un bien avant sa construction pour en être pleinement propriétaire à son achèvement. Il doit signer un contrat de réservation avec le promoteur immobilier, contrat spécifique régi par le code de la construction et de l'habitation (CCH), puis un contrat de vente, et enfin prendre réception du logement.

L'engagement de l'acheteur n'est définitif qu'au terme de la démarche, puisqu'en dépit d'un acte de vente signé devant notaire, il conserve jusqu'à la réception la faculté de renoncer à l'achat.

Le contrat de réservation

Ce contrat peut être signé sous seing privé, bien que la supervision du notaire puisse être très utile.

— Son formalisme

Il doit comporter, sous peine de nullité, un certain nombre de <u>clauses obligatoires</u>: la surface du logement, le détail de ses pièces et dépendances; la situation du logement dans l'immeuble ou dans le lotissement s'il s'agit d'une maison ; un précis sur les matériaux et méthodes employés; un précis sur les équipements collectifs; un précis sur l'équipement du logement; le prix du logement (ferme, prévisionnel avec une limite ouvrant droit à rétractation, ou révisable dans la limite de 70% de la variation de l'indice national du bâtiment); la date à laquelle sera signé le contrat de vente; les détails du dépôt de garantie; les délais prévus pour la réalisation des travaux.

Le promoteur s'engage à réserver un logement en contrepartie d'un dépôt de garantie, mais pas encore à respecter les spécificités techniques du bien, ni même à construire!

— Le dépôt de garantie

Cette somme permet au vendeur de s'assurer de la motivation de son acheteur. Elle est versée au moment de la signature du contrat de réservation (ou tout de suite après la fin du délai de rétractation, dans un délai prévu par le contrat), et est créditée sur un compte séquestre particulier couvert par une garantie idoine (compte ouvert par le vendeur ou le notaire, dont les caractéristiques doivent être portées à la connaissance de l'acheteur). Le dépôt de garantie est égal à 5% du prix global si le délai prévu jusqu'à l'acte de vente est inférieur à un an, à 2% entre 1 et 2 ans, à zéro pour un délai plus long: dans ce cas aucun dépôt de garantie ne peut être demandé à l'acheteur.

— Le droit de rétractation au contrat de réservation

Pareillement qu'en matière de promesse de vente ou de compromis, l'acheteur bénéficie d'un **délai de 10 jours** pour revenir sans pénalités ni motivation sur sa décision. Ce délai commence le lendemain de la remise du contrat en main propre (contre récépissé), ou de la 1re présentation de la lettre recommandée lui notifiant le contrat. L'exercice de ce droit s'exprime par LRAR, date d'envoi faisant foi.

Au-delà de ce délai, l'acheteur peut encore se rétracter:

— sans motif, et il perd son dépôt de garantie;
— avec un motif lui permettant de récupérer son dépôt de garantie. Citons ces motifs: le contrat de

vente définitif n'est pas signé à la date prévue, le projet est purement abandonné, le prix de vente est supérieur d'au moins 5 % au prix prévisionnel, la réalisation du logement lui inflige une modification de valeur supérieure à 10%.

Note: Le dépôt de garantie est restitué dans un délai de 3 mois à compter de la demande faite au vendeur par LRAR, ou immédiatement si elle est formulée dans le cadre du droit de rétractation de 10 jours.

• <u>L'acte de vente dans le cadre d'une VEFA</u>

Celui-ci est obligatoirement notarié, et envoyé à l'acquéreur par LRAR au minimum 1 mois avant sa signature pour qu'il puisse l'étudier à fond. Dans la pratique, sa signature intervient entre 8 et 12 semaines après la conclusion du contrat de réservation. Il reprend les éléments du contrat de réservation, le vendeur ayant l'obligation de mentionner explicitement les modifications apportées. Ce contrat une fois envoyé à l'acquéreur, plus aucune modification ne peut intervenir dans la description du bien ou son prix.

— Les clauses obligatoires: la dénomination des parties, la description définitive du bien (et de l'immeuble le cas échéant), avec les surfaces, équipements individuels (radiateurs, cuisine, fenêtres... qui jouissent d'une garantie biennale de bon fonctionnement) et collectifs, la description des autres immeubles si le projet en comporte plusieurs, le prix et les modalités de paiement* et de modification (voir le contrat de réservation), l'identité des organismes de garantie et d'assurance, le délai prévu pour la livraison (ce peut être vague, comme « novembre de l'année x »...).

*Le paiement du prix dans une VEFA obéit à des règles très particulières. Contrairement aux ventes passées par une promesse ou un compromis, l'acheteur n'a pas à attendre le transfert de propriété pour honorer le paiement de l'objet. Il devra payer des fractions du prix convenu au fur et à mesure de l'avancée des travaux, ceci devant inciter le promoteur à effectuer les travaux auxquels il s'est obligé pour toucher son argent. Ce mécanisme est censé rendre impossible les ventes sur plan se soldant par l'achat d'un logement « fantôme » pourtant payé dans son intégralité...

Cet échelonnement se présente de la façon suivante: l'acheteur s'engage à honorer 35 % (au plus) du prix total lorsque les **fondations** sont achevées, 70 % (au plus) du prix total lorsque le logement est mis **hors d'eau**, et 95 % (au plus) du prix total à **l'achèvement** des travaux. Les 5 % restant sont versés à la **livraison du logement** à moins que l'acquéreur n'émette des réserves quant à la conformité du logement avec ce qui était prévu au contrat de vente.

Exemple pour un logement au prix estimé de 200.000€, délai prévu de 10 mois jusqu'à l'acte de vente. L'acheteur verse 10.000 € de dépôt de garantie (5%). A l'achèvement des fondations, il paie 35%, soit 70.000€. Une fois le logement hors d'eau, il paie (70% - 35%) une nouvelle fois 70.000€. Lors de l'achèvement des travaux, son versement sera de (95% - 70%) 50.000€. A ce stade, il a payé 190.000 €, soit 95% du bien. Si l'acheteur n'émet aucune réserve à la réception des travaux il devrait payer les 5% restant, soit 10.000 €, or cette somme sera dans cet exemple couverte par le dépôt de garantie. Si le bien objet de la VEFA est une maison individuelle, ces taux passent à 20% (au plus), 45% (au plus), 85% (au plus).

— Parmi les **clauses facultatives**, citons par exemple celle prévoyant des pénalités de retard en cas de décalage dans l'avancée des travaux, la clause suspensive d'obtention d'un prêt bancaire (clause identique à celle prévue pour les compromis; en cas de non-obtention, la VEFA est annulée et à moins de mauvaise foi l'acheteur récupère son dépôt de garantie)...

— Les **pièces annexes**: le règlement de copropriété (obligatoire), un plan côté, la notice technique descriptive du logement...

Les travaux sont achevés, le promoteur peut enclencher la procédure de réception par l'acquéreur.

• La réception du logement

Elle est à distinguer de la « réception des travaux », par laquelle le promoteur certifie (ou non) le bon achèvement de l'immeuble auprès des professionnels du bâtiment qui sont intervenus. Comme celle-ci survient avant la réception du logement, l'acheteur peut en demander copie du procès-verbal pour affiner son jugement.

Concrètement, le promoteur organise la visite approfondie et contradictoire du bien par l'acquéreur (le DPE est remis au plus tard à ce moment-là). A l'issue de celle-ci, un procès-verbal est établi. Il y a alors **trois possibilités** :

— si aucun défaut n'est constaté, le logement est accepté et le solde du prix doit être versé.

— Si des défauts de conformité n'empêchant pas l'habitation du logement sont constatés, le procès-verbal mentionnera les réserves portant dessus. Les 5% de solde pourront alors être consignés sur un compte séquestre jusqu'à ce que le promoteur mette le bien en parfaite conformité. Le promoteur est tenu de livrer le bien malgré ces réserves.

— Si des défauts de conformité empêchant l'habitation du logement sont constatés, l'acheteur les mentionne dans le procès-verbal et peut décider de se rétracter, ou proposer une nouvelle date de réception.

A l'issue de cette démarche, le vendeur remet l'ouvrage (et ses clefs) à l'acquéreur; c'est la livraison qui génère le transfert de propriété.

Les vices apparents (anomalies apparentes que l'« acquéreur moyen » peut déceler lui-même):

l'acquéreur dispose d'un délai d'un mois à compter de la remise des clefs pour faire un état des lieux et lister ces vices apparents. Ceux-ci doivent être arrangés dans un délai d'un an au titre de la *garantie de parfait-achèvement*; à défaut, le tribunal peut être saisi avant l'expiration de ce délai.

Les vices cachés (anomalies non-apparentes du gros-œuvre rendant le logement impropre à son usage ou compromettant sa pérennité): ils sont couverts par la *garantie décennale*, le délai est de 10 ans pour la faire jouer. Le juge estimera la qualité des vices au cas par cas, il serait vain d'en dresser ici une liste exhaustive...

Les défauts de conformité: le bien reçu est techniquement conforme et parfaitement habitable, mais diffère de celui mentionné dans le contrat de vente. Dans ce cas, l'acquéreur dispose d'un délai de trente ans pour demander des dommages-intérêts à compter de l'achèvement des travaux.

Les cas particuliers du point de vue fiscal

Seront abordés ici le thème de la plus-value immobilière, le cas des impôts locaux et la TVA immobilière. Je n'évoquerai pas les mécanismes d'investissements locatifs permettant une défiscalisation des revenus (dispositifs Pinel, Malraux, Censi-Bouvard etc.)

• La plus-value immobilière

Le principe: toute plus-value réalisée sur la vente d'un bien immobilier est soumise à la taxe sur les plus-values immobilières. Les plus-values* sur les ventes sont taxées à 19 % au titre de l'impôt sur le revenu, et à 15,5 % au titre des prélèvements sociaux. Si la plus-value est supérieure à 50.000 €, une taxe supplémentaire est appliquée, variant de 2 à 6%. Les moins-values (prix de vente inférieur au prix d'achat antérieur) ne donnent pas lieu à crédit d'impôt.

Les ventes d'usufruit, de nue-propriété et viagères sont concernées, mais pas les plus-values immobilières réalisées lors de partages de biens en **indivision**, même avec versement d'une **soulte** (à condition que ces biens proviennent d'une **succession** ou d'une **communauté conjugale**).

* Calcul de la plus-value

Calculons d'abord la plus-value brute. Il s'agit de la différence entre le prix de vente corrigé et le prix d'acquisition corrigé.

Le prix de vente corrigé est le prix auquel la transaction a eu lieu, c'est-à-dire le prix indiqué dans l'acte de vente, plus les charges et indemnités prévues dans l'acte, moins les frais supportés par le vendeur au moment de la vente (comme le coût des diagnostiques obligatoires). Tous ces éléments devant pouvoir être justifiés.

Le prix d'acquisition corrigé est le prix d'achat effectivement payé par le cédant, c'est-à-dire le prix indiqué dans l'acte définitif de vente, plus les frais d'acquisition fixés forfaitairement à 7,5% de ce prix (en cas de « frais de notaire » supérieurs, on retiendra ce prix) et le montant des travaux réalisés sur ce bien (factures à l'appui).

La plus-value imposable sera la plus-value brute moins les divers correctifs mentionnés ci-dessous.

[Concernant les biens reçus à titre gratuit puis vendus, on retient comme prix d'acquisition la valeur ayant servi à calculer les droits de mutation. Pour ces biens-là, le forfait de 7,5% n'est pas applicable, on retient obligatoirement le montant réel.]

Ce principe général est tempéré par l'existence d'un certain nombre d'exonérations et d'abattements.

Les différents cas d'exonération:

— **Les plus-values réalisées sur les ventes de résidences principales** sont exonérées de la taxe. Des rumeurs d'évolution législative s'entendent de temps en temps, mais la contestation des contribuables risque d'être telle qu'elle sera sans doute encore repoussée un moment...

Note: une résidence principale est le logement du ménage où il réside principalement (au moins 8 mois/an) et où sont domiciliés ses principaux intérêts. Par opposition, un bien immobilier ne répondant pas à cette définition, comme une résidence secondaire (où le propriétaire réside une partie minoritaire de l'année; une résidence secondaire ne peut être louée toute l'année, le propriétaire ne pouvant l'occuper. Celui qui voudra la rentabiliser en-dehors de ces périodes d'occupation personnelle choisira la location de courte durée, la location saisonnière par exemple) ou un bien mis en location n'entre pas dans le cadre de cette exonération.

— **Première vente du logement**. Selon l'art. 150C du code général des impôts, la première cession d'un bien immobilier est exonérée au titre de la taxation de la plus-value. Le propriétaire du bien ne doit toutefois pas être propriétaire de sa résidence principale, et ne doit pas vendre moins de 5 ans après l'acquisition (sauf impératif familial, professionnel ou personnel, et résidant hors de France dans les conditions de l'article).

— Vente d'un immeuble dont le fruit financera l'achat d'une résidence principale. L'administration fiscale exigera les preuves de ce « remploi ». Le vendeur ne devait pas être propriétaire de sa résidence principale pendant les 4 ans précédent la vente, et le remploi partiel entrainera une exonération proportionnée aux fruits remployés. Le vendeur doit effectuer une démarche spécifique au moment de la vente, et ne dispose que de 24 mois à compter de celle-ci pour acheter sa résidence principale (faute de quoi il perdra le bénéfice de l'exonération).

— Vente d'un immeuble dont la valeur n'excède pas 15.000€. Ce plafond s'applique à chaque quote-part dans le cadre d'une indivision, mais ne s'applique pas aux valeurs des parts de SCI.

— Vente d'un immeuble appartenant à des retraités ou des personnes en situation de handicap, sous certaines conditions de revenus.

— Vente d'un immeuble consécutivement à une expropriation. Celle-ci doit découler d'une déclaration d'utilité publique, et le propriétaire doit obligatoirement utiliser le fruit de la vente pour acheter ou agrandir un autre bien immobilier dans un délai d'un an.

— Vente amiable d'un immeuble à une collectivité publique en raison de l'exposition du bien à un risque naturel majeur et prévisible.

— Vente d'un immeuble par un particulier à un organisme de logements sociaux : l'exonération est totale si l'organisme est agrée (HLM, société d'économie mixte, collectivité locale...) ou partielle si l'acheteur est un particulier s'engageant à construire des logements sociaux. En l'état actuel de la législation, cette exonération ne s'appliquera que jusqu'au 31 décembre 2018.

*

Un **abattement** peut être appliqué sur le montant de la taxe « plus-value » lorsque le propriétaire de l'immeuble le possédait depuis un certain temps au moment de la vente.

Cet abattement est progressif, de plus en plus important selon que le propriétaire possédait son bien longtemps: à partir de 30 ans, l'abattement est de 100% et le vendeur n'aura aucune taxe à régler.

Cet abattement varie selon que l'on considère la partie de la taxe « impôt sur le revenu » ou « prélèvements sociaux ».

Pour l'impôt sur le revenu (vérifiez ces taux en cas d'évolution ultérieur):

6e année	6 %
7e année	12 %
8e année	18 %
9e année	24 %
10e année	30 %
11e année	36 %
12e année	42 %

13e année	48 %
14e année	54 %
15e année	60 %
16e année	66 %
17e année	72 %
18e année	78 %
19e année	84 %
20e année	90 %
21e année	96 %
22e année	100 %

Pour les prélèvements sociaux (vérifiez ces taux en cas d'évolution ultérieur):

6e année	1,65 %
7e année	3,3 %
8e année	4,95 %
9e année	6,6 %
10e année	8,25 %
11e année	9,9 %

12e année	11,55 %
13e année	13,2 %
14e année	14,85 %
15e année	16,5 %
16e année	18,15 %
17e année	19,8 %
18e année	21,45 %
19e année	23,1 %
20e année	24,75 %
21e année	26,4 %
22e année	28 %
23e année	37 %
24e année	46 %
25e année	55 %
26e année	64 %
27e année	73 %
28e année	82 %
29e année	91 %
30e année	100 %

Exemple pour une résidence secondaire vendue sans cause d'exonération, résidence possédée depuis 13 ans par le vendeur au moment de la vente. Imaginons une plus-value brute de 20.000€. Sans abattement, la taxe est de 3.800€+3.100€, soit 6.900€. L'abattement sur la partie « impôt sur le revenu » est de 48%, celui sur la partie « prélèvements sociaux » de 13,2%. Soit 3.800€-1.824€ et 3.100€-409,2€, et donc 1.976€+2.690,8€ (4.666,8€) de taxe sur la plus-value.

Note 1: l'abattement exceptionnel de 25% concernant les ventes de biens bâtis situés dans une commune appartenant à une zone d'urbanisation continue de plus de 50.000 habitants cessera de s'appliquer au plus tard le 31/12/2016 pour les promesses de vente signées au plus tard le 31/12/2014.

Note 2: Un abattement exceptionnel et temporaire de 30 % s'applique sur la taxation des plus-values résultant de la vente de terrains à bâtir, à la condition qu'une promesse de vente ait été signée avant le 31 décembre 2015, et que la cession intervienne au plus tard le 31 décembre 2017.

- ## **Effets de la vente sur les impôts locaux**

— **La taxe foncière**

En théorie, lorsqu'on est propriétaire d'un bien immobilier au 1e janvier de l'année X, on est redevable de la taxe foncière pour toute l'année X. Il est cependant fréquent que l'acte de vente établisse une répartition *prorata temporis* du montant de cette taxe, par exemple au mois (pour une vente signée le 1e juin, 5/12e de la taxe pour l'ancien propriétaire, 7/12e pour le nouveau).

Note: appliquée à la lettre, cette pratique du prorata *forcerait le vendeur à demander la somme à l'acheteur des mois plus tard (pour une vente le 1e juin 2016, il faudrait attendre l'avis d'imposition « 2016 » en 2017...) Pour pallier à ce désagrément, on admet que la base retenue soit le montant indiqué sur l'avis de taxe foncière de l'an passé, qui peut, lui, être présenté au moment de la signature (pour une vente le 1e juin 2016, on présente l'avis de taxe foncière 2015). Le paiement par l'acheteur de sa quote-part le libère alors de son obligation, sans possibilité de le solliciter ou de le rembourser si la taxe foncière de l'année de la vente s'avère supérieure ou inférieure.*

— La taxe d'habitation

Le vendeur demeure entièrement redevable de la taxe d'habitation concernant le logement cédé pour l'année de la signature, sans possibilité de ventiler le prix entre lui et l'acquéreur –et ce même s'il vend son bien en janvier. Parallèlement, l'acheteur reste redevable de l'intégralité de la taxe d'habitation de son ancien logement pour l'année en cours.

• Le cas de la TVA immobilière

— La vente d'un terrain à bâtir

Les ventes de terrains par un particulier ne sont pas soumises au paiement de la Taxe sur la Valeur Ajoutée au moment de la signature de l'acte authentique. Si l'acheteur est un professionnel, il paie un droit fixe forfaitaire s'il s'engage à construire dans les 4 ans, ou bien une taxe particulière s'il s'engage à revendre dans les 5 ans.

Les ventes de terrains par un professionnel (lotisseurs notamment, mais aussi collectivités locales, agriculteurs, SCI...) sont soumises au paiement par le vendeur d'une TVA de 20%. L'acquéreur, lui, doit payer des droits de mutation si le bien a été acheté précédemment à un particulier, ou bien une taxe de publicité foncière calculée sur le prix TTC si le bien a été acheté précédemment à un professionnel (dans cette hypothèse, les frais de mutation sont réduits).

— La vente d'un immeuble ancien (qui a déjà été habité)

Le propriétaire qui vend ce type de biens n'est pas soumis au paiement de la TVA.

— La vente d'un immeuble neuf (qui n'a jamais été habité)

Les ventes de biens réputés neufs par un particulier ne sont pas soumises au paiement de la TVA, sauf s'il s'agit d'un bien acquis en VEFA. Dans ce cas, le vendeur doit s'acquitter d'une TVA de 20%. Si la vente est exempte de TVA et que l'acheteur est un professionnel, les droits de mutation sont réduits contre l'engagement de revendre dans les 5 ans.

Les ventes de biens réputés neufs par un professionnel sont assujetties au paiement -par le vendeur- d'une TVA de 20%.

— Le calcul de la TVA

Le vendeur paie le montant de la TVA au service des impôts, au moment de la signature de l'acte de vente. On applique simplement au montant TTC (qui est le prix affiché dans la plupart des transactions) un coefficient de 1,2 pour une TVA de 20% pour obtenir le « hors-taxe » : la différence est le montant de la TVA. **Exemple**: un bien vendu 100.000€ TTC. 100.000 / 1,2 = 83.333,33. 100.000 − 83.333,33 = 16.666,67€ de TVA.

TVA et « frais de notaire »

Les « frais de notaire » sont payés par l'acquéreur au moment de la signature de l'acte de vente. Ils comprennent le montant de certaines démarches administratives, la rémunération du notaire* et enfin les impôts et les taxes. La règle générale veut qu'une cession entrainant le paiement de la TVA par le vendeur génère une réduction pour l'acquéreur de ses « frais de notaire »: les impôts et taxes à payer sont globalement réduits de moitié, les autres frais demeurant inchangés.

*Nouveau barème (mai 2016) de rémunération de l'office notariale:

Tranches de prix du bien :	Pourcentage
Jusqu'à 6.500 €	3,945%
De 6.501 à 17.000 €	1,627%
De 17.001 à 60.000 €	1,085%
Au-dessus de 60.000 €	0,814%

La vente d'un bien loué

Admettons qu'un bien (maison, appartement etc.) soit loué. Outre les particularités liées à la plus-value éventuellement réalisée sur la vente de ce type de biens (voir plus haut), il existe des spécificités liées aux modalités même de ces ventes. **Si ce bien est vendu alors que le locataire demeure en place, le nouveau propriétaire remplace l'ancien dans les obligations du bail courant**, nous l'avons déjà vu: le propriétaire n'est pas même obligé d'informer le locataire de la mise en vente du bien loué.

Mais quid si la vente se combine avec un congé, c'est-à-dire la manifestation de la volonté du bailleur ou du locataire de mettre fin au bail? Un certain nombre de précisions sont à apporter.

Le congé vient du locataire

Ce congé n'a pas à être motivé mais doit respecter un formalisme que nous n'aborderons pas ici, concernant notamment un délai de préavis. Ce congé ne suscite aucune difficulté particulière au sujet de la vente du bien loué: le bail cesse simplement de produire ses effets à la date de résiliation vis-à-vis du bailleur, quel qu'il soit. Je précise simplement que le candidat-acheteur doit être informé de l'existence d'un congé déposé en bonne et due forme.

Le congé vient du propriétaire

Celui-ci est plus délicat à appréhender. Le propriétaire peut donner congé à son locataire uniquement dans les hypothèses suivantes: pour habiter lui-même le logement (celui-ci devenant sa résidence **principale**) ou y loger un proche, pour vendre le bien libre d'occupation, ou parce qu'il existe un motif légitime et sérieux de non-renouvellement du bail. Il ne peut donner congé que pour la date prévue de fin de bail, en respectant un préavis de 6 mois.

Aucun de ces trois motifs ne doit être frauduleux (ce qui relèverait de l'infraction), mais ce n'est que **le congé pour vente** qui nous intéresse présentement. Tout le cœur de l'opération se résume à la chose suivante : **ce congé vaut offre d'achat au locataire**.

En effet, le propriétaire donnant congé à son locataire pour pouvoir vendre le bien libre doit assortir son congé d'une offre d'achat dudit bien loué. Cette offre est prioritaire à une mise en vente sur le marché, le locataire bénéficie d'un genre de droit de préemption.

La lettre de congé pour vente adressée au locataire doit répondre à un certain **formalisme.** Elle doit indiquer le prix de vente désiré et le mode de paiement (au comptant ou par paiements échelonnés), décrire en détail ce que comprend la vente (le logement et les éventuelles annexes) et reproduire les cinq premiers alinéas de l'article 15-2 de la loi du 6 juillet 1989. À défaut, le congé n'est pas valable et le bail poursuit son existence.

À partir de la date de réception de la lettre de congé (je recommande vivement une lettre recommandée avec accusé de réception), **le locataire a 2 mois pour accepter ou refuser l'offre d'achat** de son propriétaire, donc les deux premiers mois du préavis de 6 mois:

— l'absence de réponse du locataire pendant ce délai est considéré comme un refus d'acheter et il doit quitter le logement à la fin du bail comme en cas de refus formel, ouvrant la voie d'une mise sur le marché du logement vide.

— L'acceptation de l'offre par le locataire doit se manifester par lettre recommandée avec avis de réception. Il dispose alors d'un nouveau délai de 2 mois (ou 4 mois en cas de recours à un crédit immobilier) à partir de la date d'envoi de sa réponse au propriétaire pour signer l'acte de vente. Le contrat de location est prolongé jusqu'à la réalisation de la vente. Si la vente ne se réalise pas dans ces délais le bail cesse de plein droit, sauf si le propriétaire est responsable de cette non-réalisation.

Le propriétaire peut être tenté de proposer à son locataire un prix surévalué pour le dissuader d'acheter, et *in fine* donner congé à bon compte, mais le locataire, se fondant sur plusieurs estimations du bien qu'il loue, peut contester le prix et relever une pratique frauduleuse : à déconseiller !

Le propriétaire n'a pas à assortir son congé pour vente d'une offre d'achat prioritaire lorsque le bien est vendu à un de ses parents (jusqu'au troisième degré de parenté inclus : neveux-nièces, oncles-tantes, arrières grands-parents). L'acheteur devra toutefois occuper le bien pendant au moins deux ans après l'expiration du délai de préavis. Le droit de préemption demeure quand la vente est faite par une **SCI** à un de ses associés.

Si le locataire refuse l'offre et si le propriétaire n'arrive pas à vendre le bien après le départ du locataire il a le droit de le relouer, mais le locataire congédié peut rechercher des manœuvres frauduleuses... Par exemple, le propriétaire ayant sciemment rendu la vente difficile dans l'unique but de relouer le bien à quelqu'un d'autre.

Précision pour quelques cas particuliers gravitant autour de la location

- Si le logement loué fait l'objet d'une **convention** « ANAH », le propriétaire peut mettre fin au bail (par congé) uniquement si la convention conclue avec l'Agence nationale de l'habitat est une convention à loyer intermédiaire et seulement en raison d'un motif légitime et sérieux de non renouvellement du bail (trouble du voisinage, manquements graves et répétés à l'obligation de paiement du loyer...)

- Si le logement loué fait l'objet d'une **convention « APL »**, le propriétaire peut mettre fin au bail (par congé) uniquement en raison d'un motif légitime et sérieux de non renouvellement du bail.

- Si le logement est un **logement social loué**, la procédure de vente est très particulière (l'article L 443-12 du code de la construction et de l'habitation en fixe la plupart des règles). Seul l'office HLM concerné peut prendre l'initiative de la vente, qui est transmise au représentant de l'Etat dans le département. Celui-ci a deux mois pour rendre un avis: sans opposition motivée dans ce délai, la décision peut être exécutée. L'office HLM propose un prix de vente à la Mairie pour consultation (silence durant 2 mois valant acceptation).

— Quand l'acquéreur est un particulier le prix de vente peut varier de 35% de l'évaluation faite, en prenant pour base un logement comparable libre d'occupation. L'organisme HLM doit présenter, par écrit, avant la vente au candidat-acquéreur : le montant des charges locatives et s'il y a lieu les charges de copropriété des 2 dernières années ; la liste des travaux réalisés les 5 dernières années sur les parties communes; une liste des travaux d'amélioration des parties communes et des éléments d'équipement commun qu'il serait souhaitable d'entreprendre, si nécessaire accompagnée d'une évaluation du montant global de ces travaux et de la quote-part imputable à l'acquéreur (CCH : art. L. 443-7, al. 6).

L'acquéreur personne physique qui souhaite revendre son logement dans les 5 ans suivant l'acquisition doit en informer l'organisme HLM qui bénéficiera d'un droit de préemption. Si ce logement a été acquis à un prix inférieur à l'évaluation puis revendu plus cher, la différence devra être restituée à l'office HLM.

Si l'acquéreur personne physique a acquis son logement à un prix inférieur à l'évaluation et le loue dans les 5 ans suivant l'acquisition, le loyer ne devra pas excéder le montant du dernier loyer acquitté avant acquisition.

— Quand le logement est vendu à une personne morale le prix de vente ne peut être inférieur à l'évaluation du trésorier-payeur général, sauf s'il s'agit d'un office HLM ou d'une société d'économie mixte.

— Formalités: le contrat de vente d'un logement HLM doit être établi devant notaire par acte authentique. Les frais notariés sont à la charge de l'acquéreur. Lorsque le vendeur est une personne morale de droit public (office HLM/OPAC), la vente peut être faite sous la forme d'un acte administratif. S'il s'agit d'un logement situé en immeuble collectif, devront être annexés au contrat de vente le règlement de copropriété de l'immeuble et l'état descriptif de division.

— Fiscalité: l'acquéreur d'un logement HLM à usage d'habitation devra payer le droit départemental d'enregistrement à taux réduit et la taxe communale. Les conseils généraux peuvent exonérer les cessions de logements HLM du paiement d'une ou plusieurs de ces taxes.

- Si le logement loué a été confié à une agence immobilière pour en assurer la **gestion** (par mandat; on parle de « gérance »), le propriétaire, qui n'est pas le bailleur, garde l'entière initiative des démarches de vente. Il ne doit qu'informer le gestionnaire de la fin prochaine de sa mission en cas de congé-vente; en cas de vente du bien occupé, le nouveau propriétaire, s'il le souhaite, remplacera l'ancien dans le contrat de gérance (ce qui ne changera rien pour le locataire).

- A coté de l'hypothèse d'un congé pour vente, le locataire en cours de bail dispose d'un droit de préemption sur la vente du logement qu'il loue quand survient la **première vente du logement suivant la division de l'immeuble** (art. 10-1 loi 31 décembre 1975). Exemple: le locataire d'un appartement situé dans un immeuble de 6, immeuble qui appartient à un seul propriétaire; ce dernier décide de vendre un de ces logements, une copropriété se créé; il décide d'en vendre un second, celui de notre locataire : sans qu'il soit question de congé, le locataire bénéficiera d'un droit de préemption en tous points similaire à celui généré par un congé à fin de vente.

- **Si l'immeuble à usage d'habitation** (ou mixte habitation-commerce) **comporte plus de 5 logements et est vendu en totalité et en une seule fois** (et à moins que l'acquéreur s'engage à proroger les baux en cours de 6 ans, que la vente se conclue entre parents ou alliés jusqu'au 4e degré ou que la commune exerce son droit de préemption), le propriétaire doit informer par LRAR les locataires du prix et des conditions de vente de l'immeuble vendu dans sa globalité, et leur offrir la possibilité d'acquérir leur logement. Le droit d'achat prioritaire dont dispose alors le locataire ressemble à celui généré par le congé pour vente, à la différence que dans cette hypothèse le refus du locataire maintient son droit au bail.

La vente d'un bien inscrit ou classé

Un immeuble peut être inscrit au titre des Monuments Historiques (il présente un intérêt d'histoire ou d'art suffisant pour en rendre désirable la préservation) ou peut être classé, en tout ou partie, par voie amiable ou d'office, en tant que Monument Historique (« sa conservation présente, au point de vue de l'histoire ou de l'art, un intérêt public… »).

Dans ce cas, sa vente, qui ne change rien à la protection, doit être notifiée au Préfet de région dans un délai de 15 jours (par le notaire généralement). Accessoirement, précisons que l'on pourra reprocher la présence de panneaux de type « à vendre » sur le portail ou la façade de l'édifice… Voir les art. **L.621-1 et suivants et R.621-84** du code du Patrimoine.

Textes de loi cités dans le manuel

• Code civil :

— **Art. 516** « Tous les biens sont meubles ou immeubles. »

— **Art. 518** « Les fonds de terre et les bâtiments sont immeubles par leur nature. »

— **Art. 524** « Les objets que le propriétaire d'un fonds y a placés pour le service et l'exploitation de ce fonds sont immeubles par destination.

Les animaux que le propriétaire d'un fonds y a placés aux mêmes fins sont soumis au régime des immeubles par destination.

Ainsi, sont immeubles par destination, quand ils ont été placés par le propriétaire pour le service et l'exploitation du fonds : les ustensiles aratoires ; les semences données aux fermiers ou métayers ; les ruches à miel ; les pressoirs, chaudières, alambics, cuves et tonnes ; les ustensiles nécessaires à l'exploitation des forges, papeteries et autres usines ; les pailles et engrais.

Sont aussi immeubles par destination tous effets mobiliers que le propriétaire a attachés au fonds à perpétuelle demeure. »

— **Art. 528** « Sont meubles par leur nature les biens qui peuvent se transporter d'un lieu à un autre. »

— **Art. 1145** « Toute personne physique peut contracter sauf en cas d'incapacité prévue par la loi.

La capacité des personnes morales est limitée aux actes utiles à la réalisation de leur objet tel que défini par leurs statuts et aux actes qui leur sont accessoires, dans le respect des règles applicables à chacune d'entre elles. »

— **Art. 1152** « La prescription de l'action court:

1° A l' égard des actes faits par un mineur, du jour de la majorité ou de l'émancipation;

2° A l' égard des actes faits par un majeur protégé, du jour où il en a eu connaissance alors qu'il était en situation de les refaire valablement;

3° A l'égard des héritiers de la personne en tutelle ou en curatelle ou de la personne faisant l'objet d'une habilitation familiale, du jour du décès si elle n'a commencé à courir auparavant. »

— **Art. 1226** « Le créancier peut, à ses risques et périls, résoudre le contrat par voie de notification. Sauf urgence, il doit préalablement mettre en demeure le débiteur défaillant de satisfaire à son engagement dans un délai raisonnable.

La mise en demeure mentionne expressément qu'à défaut pour le débiteur de satisfaire à son obligation, le créancier sera en droit de résoudre le contrat.

Lorsque l'inexécution persiste, le créancier notifie au débiteur la résolution du contrat et les raisons qui la motivent.

Le débiteur peut à tout moment saisir le juge pour contester la résolution. Le créancier doit alors prouver la gravité de l'inexécution. »

— Art. 1404 « Forment des propres par leur nature, quand même ils auraient été acquis pendant le mariage, les vêtements et linges à l'usage personnel de l'un des époux, les actions en réparation d'un dommage corporel ou moral, les créances et pensions incessibles, et, plus généralement, tous les biens qui ont un caractère personnel et tous les droits exclusivement attachés à la personne.

Forment aussi des propres par leur nature, mais sauf récompense s'il y a lieu, les instruments de travail nécessaires à la profession de l'un des époux, à moins qu'ils ne soient l'accessoire d'un fonds de commerce ou d'une exploitation faisant partie de la communauté. »

— Art. 1433 « La communauté doit récompense à l'époux propriétaire toutes les fois qu'elle a tiré profit de biens propres.

Il en est ainsi, notamment, quand elle a encaissé des deniers propres ou provenant de la vente d'un propre, sans qu'il en ait été fait emploi ou remploi.

Si une contestation est élevée, la preuve que la communauté a tiré profit de biens propres peut être administrée par tous les moyens, même par témoignages et présomptions. »

— **Art. 1541** « L'un des époux n'est point garant du défaut d'emploi ou de remploi des biens de l'autre, à moins qu'il ne se soit ingéré dans les opérations d'aliénation ou d'encaissement, ou qu'il ne soit prouvé que les deniers ont été reçus par lui, ou ont tourné à son profit. »

- **Code de la construction et de l'urbanisme :**

— **Art. R111-32**

« Les habitations légères de loisirs peuvent être implantées dans : les parcs résidentiels de loisirs spécialement aménagés à cet effet ; les villages de vacances classés en hébergement léger en application du **code du tourisme** ; les dépendances des maisons familiales de vacances agréées en application du code du tourisme ; les terrains de camping régulièrement créés, à l'exception de ceux créés par une déclaration préalable ou créés sans autorisation d'aménager, par une déclaration en mairie, sur le fondement des dispositions du **code de l'urbanisme** dans leur rédaction antérieure au 1er octobre 2007 ou constituant des aires naturelles de camping.

Dans les terrains de camping définis au I où l'implantation d'habitations légères de loisirs est permise, leur nombre doit, en outre, demeurer inférieur soit à trente-cinq lorsque le terrain comprend moins de 175 emplacements, soit à 20 % du nombre total d'emplacements dans les autres cas.

Auvents, rampes d'accès et terrasses amovibles peuvent être accolés aux habitations légères de loisirs situées dans l'enceinte des lieux définis au I où leur implantation est permise. Ces installations accessoires, qui ne doivent pas être tenues au sol par scellement ou toute autre fixation définitive, doivent pouvoir être, à tout moment, facilement et rapidement démontables. »

— **Art. R134-1** « La présente section s'applique à tout bâtiment ou partie de bâtiment clos et couvert, à l'exception des catégories suivantes:

a) Les constructions provisoires prévues pour une durée d'utilisation égale ou inférieure à deux ans;

b) Les bâtiments indépendants dont la surface de plancher au sens de l'article R. 111-22 du code de l'urbanisme est inférieure à 50 mètres carrés;

c) Les bâtiments ou parties de bâtiments à usage agricole, artisanal ou industriel, autres que les locaux servant à l'habitation, dans lesquels le système de chauffage ou de refroidissement ou de production d'eau chaude pour l'occupation humaine produit une faible quantité d'énergie au regard de celle nécessaire aux activités économiques ;

d) Les bâtiments servant de lieux de culte;

e) Les monuments historiques classés ou inscrits à l'inventaire en application du **code du patrimoine**;

f) Les bâtiments ou parties de bâtiments non chauffés ou pour lesquels les seuls équipements fixes de chauffage sont des cheminées à foyer ouvert, et ne disposant pas de dispositif de refroidissement des locaux;

g) Les bâtiments ou parties de bâtiments résidentiels qui sont destinés à être utilisés moins de quatre mois par an. »

— Art. L443-7

« Les organismes d'habitations à loyer modéré peuvent aliéner aux bénéficiaires prévus à l'article L. 443-11 des logements construits ou acquis depuis plus de dix ans par un organisme d'habitations à loyer modéré. Ils peuvent proposer à ces mêmes bénéficiaires la possibilité d'acquérir ces mêmes logements au moyen d'un contrat de location-accession. Ces logements doivent répondre à des normes d'habitabilité minimale fixées par décret en Conseil d'Etat. Ces logements doivent, en outre, répondre à des normes de performance énergétique minimale fixées par décret.

La décision d'aliéner est prise par l'organisme propriétaire. Elle ne peut porter sur des logements et immeubles insuffisamment entretenus. Elle ne doit pas avoir pour effet de réduire de manière excessive le parc de logements sociaux locatifs existant sur le territoire de la commune ou de l'agglomération concernée.

La décision d'aliéner est transmise au représentant de l'Etat dans le département qui consulte la commune d'implantation ainsi que les collectivités publiques qui ont accordé un financement ou leur garantie aux emprunts contractés pour la construction, l'acquisition ou l'amélioration des logements. La commune émet son avis dans le délai de deux mois à compter du jour où le maire a reçu la consultation du représentant de l'Etat dans le département. Faute d'avis de la commune à l'issue de ce délai, celui-ci est réputé favorable. A défaut d'opposition motivée du représentant de l'Etat dans le département dans un délai de quatre mois, la décision est exécutoire. En cas de désaccord entre la commune et le représentant de l'Etat dans le département, la décision d'aliéner ne devient exécutoire qu'après autorisation par le ministre chargé du logement. Le représentant de l'Etat informe la commune et l'organisme propriétaire de la transmission de la décision d'aliéner au ministre. Dans ce cas, le silence du ministre dans un délai de quatre mois à compter de la transmission de la décision d'aliéner au représentant de l'Etat dans le département par l'organisme propriétaire vaut opposition à la décision d'aliéner. En cas de non-respect de l'obligation de transmission au représentant de l'Etat de la décision d'aliéner, lorsqu'il s'agit d'un contrat de vente à une personne morale, le contrat est entaché de nullité. L'action en nullité peut être intentée par l'autorité administrative ou par un tiers dans un délai de cinq ans à compter de la publication de l'acte au fichier immobilier.

A défaut de commencement d'exécution de la décision d'aliéner dans un délai de cinq ans à compter de la date à laquelle l'autorisation implicite est intervenue ou à laquelle l'autorisation a été notifiée au bénéficiaire, cette autorisation est caduque. Ce délai peut être prorogé par l'autorité ayant accordé l'autorisation de vente.

Lorsqu'une métropole régie par le chapitre VII du titre Ier du livre II de la cinquième partie du code général des collectivités territoriales ou la métropole de Lyon a pris la compétence de délivrance aux organismes d'habitations à loyer modéré des agréments d'aliénation de logements prévue au présent article, la décision d'aliéner est transmise au président du conseil de la métropole où est situé le logement qui consulte la commune d'implantation ainsi que les collectivités publiques qui ont accordé un financement ou leur garantie aux emprunts contractés pour la construction, l'acquisition ou l'amélioration des logements. La commune émet son avis dans le délai de deux mois à compter du jour où le maire a reçu la consultation du président du conseil de la métropole. Faute d'avis de la commune à l'issue de ce délai, celui-ci est réputé favorable. A défaut d'opposition motivée du président du conseil de la métropole dans un délai de quatre mois, la décision est exécutoire. En cas de non-respect de l'obligation de transmission au président du conseil de la métropole de la décision d'aliéner, lorsqu'il s'agit d'un contrat de vente à une personne morale, le contrat est entaché de nullité. L'action en nullité peut être intentée par l'autorité administrative ou par un tiers dans un délai de cinq ans à compter de la publication de l'acte au fichier immobilier.

Lorsqu'il s'agit d'un contrat de vente à une personne physique, l'organisme vendeur est passible d'une sanction pécuniaire, dans la limite de 15 000 € par logement vendu, arrêtée par l'Agence nationale de contrôle du logement social ou le président du conseil de la métropole dans la situation prévue au cinquième alinéa.

Toutefois, lorsque le logement est affecté à la location saisonnière, la décision d'aliéner ne peut être prise qu'après accord de la commune d'implantation.

Le conseil d'administration ou de surveillance de chaque organisme d'habitations à loyer modéré délibère annuellement sur les orientations de sa politique de vente de logements, fixe les objectifs à atteindre en nombre de logements mis en vente et apprécie les résultats obtenus l'année précédente.

Le comité régional de l'habitat et de l'hébergement est saisi chaque année d'un rapport du représentant de l'Etat ou du président du conseil de la métropole dans la situation prévue au cinquième alinéa portant sur la vente de logements d'habitation à loyer modéré. Ce rapport analyse si le réinvestissement des fonds provenant de la vente permet le maintien quantitatif et qualitatif de l'offre locative. Il peut émettre à cette occasion des recommandations.

L'organisme d'habitations à loyer modéré indique par écrit à l'acquéreur personne physique, préalablement à la vente, le montant des charges locatives et, le cas échéant, de copropriété des deux dernières années, et lui transmet la liste des travaux réalisés les cinq dernières années sur les parties communes. En tant que de besoin, il fournit une liste des travaux d'amélioration des parties communes et des éléments d'équipement commun qu'il serait souhaitable d'entreprendre, accompagnée d'une évaluation du montant global de ces travaux et de la quote-part imputable à l'acquéreur. »

— **Art. L133-8** « Lorsque, dans une ou plusieurs communes, des foyers de mérule sont identifiés, un arrêté préfectoral, consultable en préfecture, pris sur proposition ou après consultation des conseils municipaux intéressés, délimite les zones de présence d'un risque de mérule. »

— **Art. L443-12** « Le prix de vente est fixé par l'organisme propriétaire, après avis du maire de la commune d'implantation du logement vendu.

Si le maire n'a pas répondu dans un délai de deux mois, son avis est réputé favorable. Lorsque l'acquéreur est une personne physique, le prix peut être inférieur ou supérieur de 35 % à l'évaluation faite par le service des domaines, en prenant pour base le prix d'un logement comparable libre d'occupation. Lorsque l'acquéreur est l'une des personnes morales visées à l'**article L. 443-11** autre qu'un organisme d'habitations à loyer modéré ou une société d'économie mixte de construction et de gestion de logements sociaux ou un organisme bénéficiant de l'agrément relatif à la maîtrise d'ouvrage prévu à l'article **L. 365-2**, le prix de vente ne peut être inférieur à l'évaluation faite par le service des domaines en prenant pour base le prix d'un logement comparable libre d'occupation. En cas de vente à un organisme d'habitations à loyer modéré ou à une société d'économie mixte, ou à un organisme bénéficiant de l'agrément relatif à la maîtrise d'ouvrage prévu à l'article L. 365-2 le service des domaines n'est pas consulté. »

- **Loi du 6 juillet 1989**

— Art 4

Est réputée non écrite toute clause:

a) Qui oblige le locataire, en vue de la vente ou de la location du local loué, à laisser visiter celui-ci les jours fériés ou plus de deux heures les jours ouvrables;

b) Par laquelle le locataire est obligé de souscrire une assurance auprès d'une compagnie choisie par le bailleur;

c) Qui impose comme mode de paiement du loyer l'ordre de prélèvement automatique sur le compte courant du locataire ou la signature par avance de traites ou de billets à ordre;

d) Par laquelle le locataire autorise le bailleur à prélever ou à faire prélever les loyers directement sur son salaire dans la limite cessible;

e) Qui prévoit la responsabilité collective des locataires en cas de dégradation d'un élément commun de la chose louée;

f) Par laquelle le locataire s'engage par avance à des remboursements sur la base d'une estimation faite unilatéralement par le bailleur au titre des réparations locatives;

g) Qui prévoit la résiliation de plein droit du contrat en cas d'inexécution des obligations du locataire pour un motif autre que le non-paiement du loyer, des charges, du dépôt de garantie, la non-souscription d'une assurance des risques locatifs ou le non-respect de l'obligation d'user paisiblement des locaux loués, résultant de troubles de voisinage constatés par une décision de justice passée en force de chose jugée;

h) Qui autorise le bailleur à diminuer ou à supprimer, sans contrepartie équivalente, des prestations stipulées au contrat;

i) Qui autorise le bailleur à percevoir des amendes ou des pénalités en cas d'infraction aux clauses d'un contrat de location ou d'un règlement intérieur à l'immeuble;

j) Qui interdit au locataire l'exercice d'une activité politique, syndicale, associative ou confessionnelle;

k) Qui impose au locataire la facturation de l'état des lieux de sortie dès lors que celui-ci n'est pas établi par un huissier de justice dans le cas prévu par l'article 3-2;

l) Qui prévoit le renouvellement du bail par tacite reconduction pour une durée inférieure à celle prévue à l'article 10;

m) Qui interdit au locataire de rechercher la responsabilité du bailleur ou qui exonère le bailleur de toute responsabilité;

n) Qui interdit au locataire d'héberger des personnes ne vivant pas habituellement avec lui;

o) Qui impose au locataire le versement, lors de l'entrée dans les lieux, de sommes d'argent en plus de celles prévues aux articles 5 et 22;

p) Qui fait supporter au locataire des frais de relance ou d'expédition de la quittance ainsi que les frais de procédure en plus des sommes versées au titre des dépens et de l'article **700** du code de procédure civile ;

q) Qui prévoit que le locataire est automatiquement responsable des dégradations constatées dans le logement;

r) Qui interdit au locataire de demander une indemnité au bailleur lorsque ce dernier réalise des travaux d'une durée supérieure à vingt et un jours;

s) Qui permet au bailleur d'obtenir la résiliation de plein droit du bail au moyen d'une simple ordonnance de référé insusceptible d'appel;

t) Qui impose au locataire, en surplus du paiement du loyer pour occupation du logement, de souscrire un contrat pour la location d'équipements.

— Art 15-2

Lorsqu'il est fondé sur la décision de vendre le logement, le congé doit, à peine de nullité, indiquer le prix et les conditions de la vente projetée. Le congé vaut offre de vente au profit du locataire: l'offre est valable pendant les deux premiers mois du délai de préavis. Les dispositions de l'article 46 de la loi n° 65-557 du 10 juillet 1965 fixant le statut de la copropriété des immeubles bâtis ne sont pas applicables au congé fondé sur la décision de vendre le logement.

A l'expiration du délai de préavis, le locataire qui n'a pas accepté l'offre de vente est déchu de plein droit de tout titre d'occupation sur le local.

Le locataire qui accepte l'offre dispose, à compter de la date d'envoi de sa réponse au bailleur, d'un délai de deux mois pour la réalisation de l'acte de vente. Si, dans sa réponse, il notifie son intention de recourir à un prêt, l'acceptation par le locataire de l'offre de vente est subordonnée à l'obtention du prêt et le délai de réalisation de la vente est porté à quatre mois. Le contrat de location est prorogé jusqu'à l'expiration du délai de réalisation de la vente. Si, à l'expiration de ce délai, la vente n'a pas été réalisée, l'acceptation de l'offre de vente est nulle de plein droit et le locataire est déchu de plein droit de tout titre d'occupation.

Dans le cas où le propriétaire décide de vendre à des conditions ou à un prix plus avantageux pour l'acquéreur, le notaire doit, lorsque le bailleur n'y a pas préalablement procédé, notifier au locataire ces conditions et prix à peine de nullité de la vente. Cette notification est effectuée à l'adresse indiquée à cet effet par le locataire au bailleur; si le locataire n'a pas fait connaître cette adresse au bailleur, la notification est effectuée à l'adresse des locaux dont la location avait été consentie. Elle vaut offre de vente au profit du locataire. Cette offre est valable pendant une durée d'un mois à compter de sa réception. L'offre qui n'a pas été acceptée dans le délai d'un mois est caduque.

Le locataire qui accepte l'offre ainsi notifiée dispose, à compter de la date d'envoi de sa réponse au bailleur ou au notaire, d'un délai de deux mois pour la réalisation de l'acte de vente. Si, dans sa réponse, il notifie son intention de recourir à un prêt, l'acceptation par le locataire de l'offre de vente est subordonnée à l'obtention du prêt et le délai de réalisation de la vente est porté à quatre mois. Si, à l'expiration de ce délai, la vente n'a pas été réalisée, l'acceptation de l'offre de vente est nulle de plein droit.

Les termes des cinq alinéas précédents sont reproduits à peine de nullité dans chaque notification.

Ces dispositions ne sont pas applicables aux actes intervenant entre parents jusqu'au quatrième degré inclus, sous la condition que l'acquéreur occupe le logement pendant une durée qui ne peut être inférieure à deux ans à compter de l'expiration du délai de préavis, ni aux actes portant sur les immeubles mentionnés au deuxième alinéa de l'article L. 111-6-1 du code de la construction et de l'habitation.

Dans les cas de congés pour vente prévus à l'article 11-1, l'offre de vente au profit du locataire est dissociée du congé. En outre, le non-respect de l'une des obligations relatives au congé pour vente d'un accord conclu en application de l'article 41 ter de la loi n° 86-1290 du 23 décembre 1986 tendant à favoriser l'investissement locatif, l'accession à la propriété de logements sociaux et le développement de l'offre foncière, et rendu obligatoire par décret, donne lieu à l'annulation du congé.

Est nul de plein droit le congé pour vente délivré au locataire en violation de l'engagement de prorogation des contrats de bail en cours, mentionné au premier alinéa du A du I de l'article 10-1 de la loi n° 75-1351 du 31 décembre 1975 relative à la protection des occupants de locaux à usage d'habitation.

- ### **Code de la santé publique**

— Art. R1333-15

Dans les zones géographiques où le radon d'origine naturelle est susceptible d'être mesuré en concentration élevée dans les lieux ouverts au public, les propriétaires ou, à défaut, les exploitants de ces lieux sont tenus, conformément aux dispositions de **l'article L. 1333-10**, de faire procéder à des mesures de l'activité du radon et de ses descendants dans les locaux où le public est susceptible de séjourner pendant des durées significatives. Ces mesures sont réalisées soit par l'Institut de radioprotection et de sûreté nucléaire soit par des organismes agréés par l'Autorité de sûreté nucléaire. Un arrêté des ministres chargés de la santé, du travail, de la construction et de l'environnement, pris après avis de l'Autorité de sûreté nucléaire, définit :

1° La liste des départements ou parties de départements dans lesquels ces mesures doivent être réalisées, compte tenu du contexte géologique local et des résultats d'analyses en radon disponibles;

2° Les catégories d'établissements concernés du fait du temps de séjour prévisible du public dans ces lieux;

3° Les niveaux d'activité en radon au-delà desquels les propriétaires ou exploitants sont tenus de mettre en œuvre les actions nécessaires pour réduire l'exposition des personnes ainsi que les délais de leur mise en œuvre.

Les conditions suivant lesquelles il est procédé à la mesure de l'activité du radon, notamment les méthodes d'échantillonnage et les modalités d'évaluation des dispositifs de mesure utilisés, sont définies par décision de l'Autorité de sûreté nucléaire, homologuée par les ministres chargés de la santé et de la construction.

Les mesures de l'activité du radon et de ses descendants dans les lieux définis en application du présent article sont réalisées dans un délai de deux ans suivant la date de publication de l'arrêté mentionné au premier alinéa du présent article. Ces mesures doivent être répétées tous les dix ans et, le cas échéant, chaque fois que sont réalisés des travaux modifiant la ventilation des lieux ou l'étanchéité des locaux au radon.

- **Code général des impôts**

— **Art 150C**

I. Toute plus-value réalisée lors de la cession d'une résidence principale est exonérée.

Sont considérés comme résidences principales:

a) Les immeubles ou parties d'immeubles constituant la résidence habituelle du propriétaire depuis l'acquisition ou l'achèvement ou pendant au moins cinq ans; aucune condition de durée n'est requise lorsque la cession est motivée par des impératifs d'ordre familial ou un changement de résidence ;

b) Les immeubles ou parties d'immeubles constituant la résidence en France des Français domiciliés hors de France, dans la limite d'une résidence par contribuable à condition que le cédant ait été fiscalement domicilié en France de manière continue pendant une durée d'au moins un an à un moment quelconque antérieurement à la cession et qu'il ait eu la libre disposition du bien depuis son acquisition ou son achèvement ou pendant au moins trois ans ; aucune condition de durée de libre disposition n'est requise lorsque la cession est motivée par des impératifs d'ordre familial ou un changement du lieu de travail consécutif au retour en France du contribuable.

Cette définition englobe les dépendances immédiates et nécessaires de l'immeuble.

II. Il en est de même pour la première cession d'un logement lorsque le cédant ou son conjoint n'est pas propriétaire de sa résidence principale, directement ou par personne interposée, et que la cession est réalisée au moins cinq ans après l'acquisition ou l'achèvement.

Toutefois, cette exonération n'est pas applicable lorsque la cession intervient dans les deux ans de celle de la résidence principale.

Les délais de cinq ans et de deux ans ne sont pas exigés lorsque la cession est motivée par l'un des événements dont la liste est fixée par un décret en Conseil d'Etat (1) et concernant la situation personnelle, familiale ou professionnelle du contribuable.

Dans les mêmes conditions, les contribuables domiciliés hors de France bénéficient de cette exonération, à condition que le cédant ait été fiscalement domicilié en France de manière continue pendant une durée d'au moins un an à un moment quelconque antérieurement à la cession.

- ## Loi du 31 décembre 1975

— Art. 10-1

I. — A. — Préalablement à la conclusion de la vente, dans sa totalité et en une seule fois, d'un immeuble à usage d'habitation ou à usage mixte d'habitation et professionnel de plus de cinq logements au profit d'un acquéreur ne s'engageant pas à proroger les contrats de bail à usage d'habitation en cours à la date de la conclusion de la vente afin de permettre à chaque locataire ou occupant de bonne foi de disposer du logement qu'il occupe pour une durée de six ans à compter de la signature de l'acte authentique de vente qui contiendra la liste des locataires concernés par un engagement de prorogation de bail, le bailleur doit faire connaître par lettre recommandée avec demande d'avis de réception à chacun des locataires ou occupants de bonne foi l'indication du prix et des conditions de la vente, dans sa totalité et en une seule fois, de l'immeuble ainsi que l'indication du prix et des conditions de la vente pour le local qu'il occupe.

Cette notification doit intervenir à peine de nullité de la vente, dans sa totalité et en une seule fois, de l'immeuble. Elle s'accompagne d'un projet de règlement de copropriété qui réglera les rapports entre les copropriétaires si l'un au moins des locataires ou occupants de bonne foi réalise un acte de vente, ainsi que des résultats d'un diagnostic technique portant constat de l'état apparent de la solidité du clos et du couvert et de celui de l'état des conduites et canalisations collectives ainsi que des équipements communs et de sécurité. Ce diagnostic est établi par un contrôleur technique au sens de l'article **L. 111-23** du code de la construction et de l'habitation ou par un architecte au sens de l'**article 2 de la loi n° 77-2 du 3 janvier 1977** sur l'architecture, qui ne doit avoir avec le propriétaire de l'immeuble ou son mandataire aucun lien de nature à porter atteinte à son impartialité ou à son indépendance. Les dépenses afférentes à ce diagnostic sont à la charge du bailleur.

Nonobstant les dispositions de l'article **1751** du code civil, cette notification est de plein droit opposable au conjoint du locataire ou occupant de bonne foi si son existence n'a pas été préalablement portée à la connaissance du bailleur. Elle vaut offre de vente au profit du locataire ou occupant de bonne foi.

L'offre est valable pendant une durée de quatre mois à compter de sa réception. Le locataire ou occupant de bonne foi qui accepte l'offre ainsi notifiée dispose, à compter de la date d'envoi de sa réponse au bailleur, d'un délai de deux mois pour la réalisation de l'acte de vente. Si, dans sa réponse, il notifie au bailleur son intention de recourir à un prêt, son acceptation de l'offre de vente est subordonnée à l'obtention du prêt et, en ce cas, le délai de réalisation est porté à quatre mois. Passé le délai de réalisation de l'acte de vente, l'acceptation de l'offre de vente est nulle de plein droit.

Lorsque, en raison de la vente d'au moins un logement à un locataire ou un occupant de bonne foi, l'immeuble fait l'objet d'une mise en copropriété et que le bailleur décide de vendre les lots occupés à des conditions ou à un prix plus avantageux à un tiers, le notaire doit, lorsque le propriétaire n'y a pas préalablement procédé, notifier au locataire ou occupant de bonne foi ces conditions et prix à peine de nullité de la vente. Cette notification vaut offre de vente à leur profit. Elle est valable pendant une durée d'un mois à compter de sa réception. L'offre qui n'a pas été acceptée dans le délai d'un mois est caduque.

Le locataire ou occupant de bonne foi qui accepte l'offre ainsi notifiée dispose, à compter de la date d'envoi de sa réponse au propriétaire ou au notaire, d'un délai de deux mois pour la réalisation de l'acte de vente. Si, dans sa réponse, il notifie son intention de recourir à un prêt, l'acceptation par le locataire ou occupant de bonne foi de l'offre de vente est subordonnée à l'obtention du prêt et le délai de réalisation de la vente est porté à quatre mois. Si, à l'expiration de ce délai, la vente n'a pas été réalisée, l'acceptation de l'offre de vente est nulle de plein droit.

Les dispositions du présent A doivent être reproduites, à peine de nullité, dans chaque notification.

B. — Préalablement à la conclusion de la vente mentionnée au premier alinéa du A, le bailleur communique au maire de la commune sur le territoire de laquelle est situé l'immeuble le prix et les conditions de la vente de l'immeuble dans sa totalité et en une seule fois. Lorsque l'immeuble est soumis à l'un des droits de préemption institués par les chapitres Ier et II du titre Ier du livre II du code de l'urbanisme, la déclaration préalable faite au titre de l'article **L. 213-2** du même code vaut communication au sens du présent article.

II. — Les dispositions du I ne sont pas applicables en cas d'exercice de l'un des droits de préemption institués par le titre Ier du livre II du code de l'urbanisme ou lorsque la vente intervient entre parents ou alliés jusqu'au quatrième degré inclus.

Elles sont applicables aux cessions de la totalité des parts ou actions de sociétés lorsque ces parts ou actions portent attribution en propriété ou en jouissance à temps complet de chacun des logements d'un immeuble de plus de cinq logements.

Elles ne sont pas applicables aux cessions de parts ou actions susvisées lorsque ces cessions interviennent entre parents ou alliés jusqu'au quatrième degré inclus.

Elles ne sont pas applicables aux cessions d'immeubles à un organisme visé à l'article **L.** **411-2** du code de la construction et de l'habitation ni, pour les logements faisant l'objet de conventions conclues en application de l'article **L.** **351-2** du même code, aux cessions d'immeubles à une société d'économie mixte visée à l'article **L.** **481-1** du même code.

- ### **Décret du 18 février 2016**

Publics concernés: professionnels de l'immobilier. Objet: encadrement de l'obligation de formation continue pour les professionnels de l'immobilier. Entrée en vigueur : le texte entre en vigueur le 1er avril 2016.

Notice: la loi soumet les professionnels de l'immobilier à une obligation de formation continue. Lorsqu'ils en détiennent une, leur carte professionnelle ne peut être renouvelée s'ils ne justifient pas avoir rempli cette obligation. Le décret détermine la nature et la durée des activités susceptibles d'être validées au titre de l'obligation de formation continue. Il fixe la durée de formation et détermine les organismes auprès desquels les professionnels de l'immobilier accomplissent leur obligation de formation, ces organismes pouvant être situés en France ou à l'étranger. Il définit le contenu des justificatifs attendus pour chacune des activités réalisées. Ces justificatifs sont transmis, selon le cas, aux chambres de commerce et d'industrie territoriales et départementales ou aux titulaires de carte, chargés du contrôle de l'obligation de formation. Références : le décret est pris pour l'application de l'**article 24 de la loi n° 2014-366 du 24 mars 2014** pour l'accès au logement et un urbanisme rénové.

- ## Code du patrimoine

— **Art. L621-1**

Les immeubles dont la conservation présente, au point de vue de l'histoire ou de l'art, un intérêt public sont classés comme monuments historiques en totalité ou en partie par les soins de l'autorité administrative.

Sont notamment compris parmi les immeubles susceptibles d'être classés au titre des monuments historiques:

a) Les monuments mégalithiques, les terrains qui renferment des stations ou gisements préhistoriques;

b) Les immeubles dont le classement est nécessaire pour isoler, dégager, assainir ou mettre en valeur un immeuble classé au titre des monuments historiques.

— Art. R621-84

Toute aliénation d'un immeuble classé ou inscrit est notifiée, dans les quinze jours de sa date, au préfet de région, par celui qui l'a consentie. La notification mentionne le nom et le domicile du nouveau propriétaire ainsi que la date de l'aliénation.

www.ingramcontent.com/pod-product-compliance
Lightning Source LLC
Chambersburg PA
CBHW021432170526
45164CB00001B/213